＼ 超実戦的

JLPT

JLPT
Real
Practice
Tests

リアル 模試

N1

日本語能力試験

AJオンラインテスト株式会社 著

アルク

はじめに

　かつては学習者であり、現在日本語教育に携わっている私の経験から、読者の皆さんにお伝えしたいことがあります。

　日本語の学習は人生と似ています。失敗や間違いから正解を見つけ出す過程が大切なのであり、失敗や間違いを恐れる必要はありません。語学はどんなに勉強しても終わりはなく、完璧もあり得ません。特に、JLPTのような試験では常に未知との遭遇を覚悟しなければなりません。そのため、私は皆さんがたくさん間違えてくれることを望んで、この本を作りました。本番に近い模試に挑んで試験の形式に慣れるだけではなく、間違いの中から学ぶことによって、皆さんはさらに成長し、合格に近づくことができるでしょう。

　この「JLPTリアル模試」で完璧な結果を出す必要はありません。間違いを恐れず、日本語能力試験合格とその先にある人生の夢に向かって進んでいってくれることを、心より望んでいます。

AJオンラインテスト株式会社 代表　キム・ユヨン

I would like to share something with you based on my experience as someone who was a student and is now involved in Japanese language education.

Learning Japanese is like life. The process of finding the correct answers from mistakes is important, and there is no need to worry about mistakes. No matter how much you study, language learning never ends, and you can never be perfect. With a test like the JLPT in particular, you must always be prepared to encounter the unknown. For that reason, I created this book while hoping that you will make lots of mistakes. By not only taking practice tests similar to the actual test to get used to the test format, but also learning from your mistakes, you can further grow and get closer to passing.

It's not necessary to get a perfect score on this "JLPT Real Practice Test". I sincerely hope that you pass the Japanese Language Proficiency Test and afterwards move towards your life's dreams.

한 때 여러분과 마찬가지로 일본어를 공부하는 학생이었으며, 현재 일본어 교육 분야에서 활동하고 있는 저의 경험을 바탕으로 독자 여러분께 간단히 인사말을 전해드리고자 합니다.

돌이켜 보면 일본어 공부 또한 우리들의 인생과 많이 닮아 있는 것은 아닌가 하는 생각이 듭니다. 결과가 중요하다고는 하지만, 저는 문제풀이처럼 실패나 실수로부터 정답을 찾아가는 과정이야 말로 삶과 공부 모두에 있어서 그 무엇보다 소중하다고 생각합니다. 그래서 우리들은 누구나 경험할 수밖에 없는 실패나 실수를 두려워해서는 안 된다고 생각합니다. 마찬가지로 시험범위라는 것이 존재하지 않는 어학에서 완벽이라는 것이 있을 수 없으며, 특히 JLPT와 같은 시험에서 여러분은 항상 미지와의 조우를 각오해야 합니다. 저는 여러분이 실전과 유사한 모의고사를 응시하는 것을 통해 실제 시험의 형식에 익숙해지는 것뿐만 아니라 실제 언어생활에서 만날 수 있는 많은 실수와 오류를 미리 범해 볼 수 있기를 바랍니다. 그 과정 속에서 여러분은 성장할 수 있을 것이며 합격에 가까워질 수 있을 것이라고 생각합니다.

여러분들은 "JLPT 리얼 모의고사"에서 반드시 완벽한 결과를 낼 필요는 없습니다. 저는 여러분들이 실패와 실수를 두려워하지 말고 도전하는 과정 속에서 일본어능력시험 합격과 그 앞에 있는 인생의 꿈을 향해 나아갈 수 있을 것이라 믿어 의심치 않습니다.

我曾经学习过日语，现在从事日语教学工作，我想跟各位读者分享一些心得。

日语学习就像我们的人生。从失败和错误中找出正确答案的过程非常重要，所以不必害怕失败和错误。语言的学习没有止境，也没有完美无缺。特别是在JLPT这样的测试中，大家要做好思想准备，未知无时无处不在。因此，我希望大家能够多犯错，于是写了这本书。希望大家不仅可以挑战与正式测试相似的模拟测试，习惯测试的形式，还能通过从错误中学习，实现进一步的成长，提高测试合格的可能性。

使用这本《JLPT真题模拟测试》，没有必要追求一份完美的答卷。我由衷地希望大家不惧错误，朝着日语能力测试合格的目标以及之后的人生梦想不断进取。

Trước đây tôi từng là một học viên học tiếng Nhật, và hiện nay tôi là một người hoạt động trong lĩnh vực giáo dục tiếng Nhật, với những kinh nghiệm đó, tôi có một số thông điệp muốn chuyển tới Quý độc giả.

Việc học tiếng Nhật cũng giống như cuộc đời vậy. Quá trình tìm ra đáp án đúng từ những thất bại và sai lầm là rất quan trọng; vì vậy chúng ta không cần phải sợ thất bại và sai lầm. Ngôn ngữ thì học bao nhiêu cũng không có điểm kết, và cũng không có gì được gọi là hoàn hảo cả. Đặc biệt, chúng ta cần giác ngộ rằng trong những kỳ thi như JLPT thì chúng ta luôn gặp phải những điều chưa biết. Chính vì vậy, nên tôi đã biên soạn ra cuốn sách này với hy vọng là các bạn sẽ sai thật nhiều! Không chỉ có làm quen với hình thức của kỳ thi thông qua việc thi các kỳ thi mô phỏng gần giống với kỳ thi thật, mà chính thông qua việc học từ những sai lầm sẽ giúp cho các bạn trưởng thành hơn và đỗ được các kỳ thi!

Các bạn không cần phải tạo ra kết quả hoàn hảo cho "Kỳ thi mô phỏng JLPT thực tế". Từ tận đáy lòng mình, tôi mong các bạn hãy hướng đến việc thi đỗ kỳ thi Năng lực tiếng Nhật và những ước mơ khác trong cuộc đời!

目次　Contents

この本の特長

❶試験のデータを徹底分析し、本当に必要な知識を厳選

　著者団体のAJオンラインテスト株式会社（以下、AOT）が日本語能力試験（JLPT）の問題を独自のAIシステムを利用して長年徹底分析してきた膨大なデータから、「実際に試験に出る、リアルな語彙や表現、文法」を厳選し、作問しています。

❷AIを利用して、3段階の難易度を算出

　問題の難しさは、語彙や文法の使い方、質問の仕方などさまざまな要素によって変化します。本書は日本語レベルに加え、AOTが運営するオンライン模試（以下、ioJLPT。詳しくは右ページ参照）を受けた日本語学習者の受験結果をAIで分析し、「リアルな間違えやすさ」を基準に、各問題に難易度（3段階）を提示しています。（読解問題は、文章の長さや漢字の比率、使用されている語のレベルによって、文章として総合的に算出した難易度を提示）

　従って、一見簡単そうに見えるのに難易度が高い問題は「注意すべき問題」ということになるので、解答する際にも復習する際にもしっかりと注意を払いましょう。

　自分の実力や課題を見極める参考にしてください。

❸オンライン模試を1回無料で受験できる（本紙と合わせて実質3回分！）

　本書の模試（2回分）に加えて、オンライン模試を1回無料で受けられます。勉強を始める前の力試しや試験直前の最終チェックなど、自分の好きなタイミングで利用できます。

この本の使い方

　別冊の問題用紙を取り外し、最後のページにある解答用紙を切り取って使いましょう。

効果的に模擬試験を使うポイント

・模擬試験は途中で止めずに、時間を測りながら本試験と同じ形式で行いましょう。
・第1回の目的は「問題形式、試験時間の長さ、その時点での実力の確認」で、第2回やオンライン模試の目的は「前回よりどの程度実力が伸びたかの確認」です。2回分一気に解くのではなく、目的に沿ったスケジュールを考えて使いましょう。

おすすめのスケジュール

❶第1回模擬試験を行う。 試験の数カ月前
　→自分の苦手分野を確認。苦手分野を中心に学習しましょう。

❷AOTオンライン模試に挑戦する。 試験の2カ月前
　→学習の成果を確認。得点が伸びない分野があれば、重点的に学習しましょう。

❸第2回模擬試験を行う。 試験2週間前
　→間違ってしまった問題は、最後の追い込みでしっかりモノにしましょう。

オンライン模試無料受験について

　「ioJLPT」は、AOTが提供している、日本語能力試験の模擬テストシステムです。本書をお使いの方は、スマホやパソコンから1回分無料のオンライン模試を受験することができます。

　詳しい利用方法は、下記の案内ページからご確認ください。

※オンライン模試の利用には、以下のIDとパスワードが必要です。

ID：alcmoshin1
パスワード：alcN1jrpt
https://onlinejlpt.com/iotutor/realmoshi

聴解試験音声のダウンロードについて

　本書聴解試験の音声は、パソコンやスマートフォンに無料でダウンロードできます。

💻 パソコンの場合

①アルクのダウンロードセンターにアクセスする。

　https://portal-dlc.alc.co.jp

②商品コード「7023012」か「JLPT リアル模試 N1」で検索して、この本の音声ファイルをダウンロードする。

📱 スマートフォン／タブレットの場合

①無料アプリ「booco」をインストールする。

https://s.alc.jp/3dSKxS4

②boocoのホーム画面の「さがす」から商品コード「7023012」か「JLPT リアル模試 N1」で検索して、この本の音声をダウンロード。

※boocoは、アプリ上で音声を再生できます。

日本語能力試験（JLPT）について

● 日本語能力試験とは

　日本語能力試験は、日本語を母語としない人の日本語能力を測定する試験です。日本語力の測定に加え、就職、昇給・昇格、資格認定への活用など、受験の目的は多岐にわたります。

● N1試験問題の構成、基準点と合格点

　日本語能力試験N1の科目は、「言語知識（文字・語彙・文法）・読解」と「聴解」の2科目ですが、得点区分は「言語知識（文字・語彙・文法）」「読解」「聴解」の3つに分けられています。総合得点100点（＝合格点）以上で合格ですが、得点区分ごとに合格に必要な点＝「基準点」が設けられており、一つでも基準点に達していない区分がある場合は、総合得点がどんなに高くても不合格になるので注意が必要です。

試験科目		時間	得点区分と基準点		合格点
①	言語知識（文字・語彙・文法）	110分	①	19点	総合得点100点以上 ＆全区分基準点以上
	読解		②	19点	
②	聴解	55分	③	19点	

　詳しい試験内容の説明は、主催団体のホームページに掲載されています。試験を受ける前に確認しておきましょう。

日本語能力試験公式ウェブサイト：https://www.jlpt.jp

● N1認定の目安

　各レベルの認定の目安は【読む】【聞く】という言語行動で表されています。それぞれのレベルには、これらの言語行動を実現するための言語知識が必要です。N1認定の目安は以下のようになります。

　幅広い場面で使われる日本語を理解することができる

【読む】

・幅広い話題について書かれた新聞の論説、評論など、論理的にやや複雑な文章や抽象度の高い文章などを読んで、文章の構成や内容を理解することができる。

・さまざまな話題の内容に深みのある読み物を読んで、話の流れや詳細な表現意図を理解することができる。

【聞く】

・幅広い場面において自然なスピードの、まとまりのある会話やニュース、講義を聞いて、話の流れや内容、登場人物の関係や内容の論理構成などを詳細に理解したり、要旨を把握したりすることができる。

日本語能力試験公式ウェブサイトより　https://www.jlpt.jp/about/levelsummary.html

●N1 大問のねらい

　各試験科目で出題する問題を、測ろうとしている能力ごとにまとめたものを「大問」と呼びます。各大問には、複数の小問が含まれます。N1レベルの各大問のねらいは以下の通りです。

N1試験科目 （試験時間）			大問	ねらい
			N1　問題の構成	
言語知識 ・ 読解 （110分）	文字・語彙	1	漢字読み	漢字で書かれた語の読み方を問う
		2	文脈規定	文脈によって意味的に規定される語が何であるかを問う
		3	言い換え類義	出題される語や表現と意味的に近い語や表現を問う
		4	用法	出題語が文の中でどのように使われるのかを問う
	文法	5	文の文法1 （文法形式の判断）	文の内容に合った文法形式かどうかを判断することができるかを問う
		6	文の文法2 （文の組み立て）	統語的に正しく、かつ、意味が通る文を組み立てることができるかを問う
		7	文章の文法	文章の流れに合った文かどうかを判断することができるかを問う
	読解	8	内容理解（短文）	生活・仕事などいろいろな話題も含め、説明文や指示文など200字程度のテキストを読んで、内容が理解できるかを問う
		9	内容理解（中文）	評論、解説、エッセイなど500字程度のテキストを読んで、因果関係や理由などが理解できるかを問う
		10	内容理解（長文）	解説、エッセイ、小説など1000字程度のテキストを読んで、概要や筆者の考えなどが理解できるかを問う
		11	統合理解	複数のテキスト（合計600字程度）を読み比べて、比較・統合しながら理解できるかを問う
		12	主張理解（長文）	社説、評論など抽象性・論理性のある1000字程度のテキストを読んで、全体として伝えようとしている主張や意見がつかめるかを問う
		13	情報検索	広告、パンフレット、情報誌、ビジネス文書などの情報素材（700字程度）の中から必要な情報を探し出すことができるかを問う
聴　解 （55分）		1	課題理解	まとまりのあるテキストを聞いて、内容が理解できるかどうかを問う（具体的な課題解決に必要な情報を聞き取り、次に何をするのが適当か理解できるかを問う）
		2	ポイント理解	まとまりのあるテキストを聞いて、内容が理解できるかどうかを問う（事前に示されている聞くべきことをふまえ、ポイントを絞って聞くことができるかを問う）
		3	概要理解	まとまりのあるテキストを聞いて、内容が理解できるかどうかを問う（テキスト全体から話者の意図や主張などが理解できるかを問う）
		4	即時応答	質問などの短い発話を聞いて、適切な応答が選択できるかを問う
		5	統合理解	長めのテキストを聞いて、複数の情報を比較・統合しながら、内容が理解できるかを問う

日本語能力試験公式ウェブサイトより　https://www.jlpt.jp/guideline/pdf/n1_revised.pdf

The features of this book

❶Truly necessary information has been carefully selected based on a thorough analysis of test data

The author organization AJ Online Test Company Limited (hereinafter AOT) used its unique AI system to thoroughly analyze a huge amount of data over many years about Japanese Language Proficiency Test (JLPT) questions, carefully selected "real vocabulary, expressions, and grammar that actually appear in tests" from this data, and then created the questions.

❷AI was used to calculate 3 levels of difficulty

Question difficulty changes by the use of vocabulary and grammar, questioning methods, and various other elements. In addition to the Japanese language level, this book presents a difficulty level (out of 3 levels) for each question based on "the likelihood of an incorrect answer" after an AI analysis of the test results of Japanese language learners who took online practice tests administered by AOT. (Hereinafter, ioJLPT. For details, see the right page.) (Reading comprehension questions present a difficulty level calculated for the whole passage according to the length of the passage, the proportion of kanji, and the level of the language used.)

Accordingly, a question that at a glance appears easy but has a high difficulty level is labeled as a "question that requires attention", so pay particular attention when answering or reviewing such a question.

Use it as a reference to determine your actual ability and issues.

❸You can take one online practice test for free (There are actually three tests together with this paper!)

In addition to this book's (2) practice tests, you can take one online practice test for free. You can use the tests when you want, such as to test your ability before starting to study or as a final check just before a test.

How to use this book

Remove the separate question sheet, and then cut out the answer sheet at the end of the question sheet.

How to effectively use practice tests

- Do not stop a practice test midway. Take the test in the same way as an actual test while measuring the time
- The objective of the first test is to "check the question formats, length of the exam time, and your current ability", and the objectives of the second test and online practice test are to "check how much you've improved since the last time". Do not take the two tests in one sitting. Take the tests after considering a schedule that aligns with your objectives.

Recommended schedule

❶Take the first practice test. Several months before the test

→ Find your weak points. Study while focusing on your weak points.

❷Try the AOT online test. ⟨Two months before the test⟩

→ Find out the results of your studying. If there are any sections in which you didn't score better, focus on them in your studying.

❸Take the second practice test. ⟨Two weeks before the test⟩

→ In the final stretch, master any questions you got wrong.

About the free online practice test

"ioJLPT" is a practice test system for the Japanese Language Proficiency Test administered by AOT. Users of this book can take one online practice test for free using a smart phone or personal computer.

For details on how to take the test, refer to the information page below.

※To take the online practice test, the following ID and Password are needed.

ID: alcmoshin1
PW: alcN1jrpt
https://onlinejlpt.com/iotutor/realmoshi

Downloading the listening comprehension test audio

You can download the audio for this book's listening comprehension test for free by using a personal computer or smart phone.

🖥 Using a PC

① Access the ALC Download Center. (https://portal-dlc.alc.co.jp)

② Search using PC code "7023012" or "JLPTリアル模試 N1", and then download the audio file of this book (compressed in zip format).

📱 Using a smart phone or tablet

① Install the free app "booco".

https://s.alc.jp/3dSKxS4

② On the home screen of the booco app, from "さがす", search using product code "7023012" or "JLPTリアル模試 N1", and then download the audio of this book.

※The booco app can play the audio.

About the Japanese Language Proficiency Test (JLPT)

●Japanese Language Proficiency Test

The Japanese Language Proficiency Test evaluates the Japanese language ability of people whose native language is not Japanese. In addition to evaluating Japanese language ability, the test has a wide range of objectives, including use in employment, pay raises, promotions, and qualification certification.

●N1 test question composition, sectional pass marks, and passing mark

The Japanese Language Proficiency Test Level N1 is separated into two subjects: "Language knowledge (characters, vocabulary, and grammar)/Reading" and "Listening comprehension", but scoring is separated three sections: "Language knowledge (characters, vocabulary, and grammar)", "Reading", and "Listening comprehension". In order to pass, a total score of 100 points (overall pass mark) is required, but each scoring section has a required score for passing (sectional pass mark). Be aware that if even one sectional pass mark is not met, the examinee is determined to have failed, no matter how high the total score is.

	Test subject	Time	Scoring sections and sectional pass marks		Passing score
①	Language knowledge (Characters, vocabulary, grammar)	110 minutes	①	19 points	Total of 100 points or higher & sectional pass mark or higher in each section
	Reading comprehension		②	19 points	
②	Listening comprehension	55 minutes	③	19 points	

A detailed explanation of test content is listed on the website of the organizer. Check this information before taking a test.

The Official Worldwide Japanese-Language Proficiency Test Website:
https://www.jlpt.jp

●Standards for N1 certification

The standards for certification of each level are represented by the language behaviors of "reading" and "listening". The language knowledge to realize these language behaviors is needed for each level. The following section lists the standards for N1 certification.

Able to understand Japanese used in a wide range of situations
"Reading"
· Able to read somewhat logically complex texts, highly abstract texts, and other texts, such as newspaper editorials and critiques, on a wide range of topics, and understand their structures and contents.
· Able to read materials with profound content on various topics and understand their flow and detailed expressive intent.
"Listening"
· Able to listen to coherent conversations, news reports, and lectures, spoken at natural speed in a wide range of situations, understand in detail their flow, content, character relationships, logical layout, and other components, and grasp the essential points.

From the official Worldwide Japanese-Language Proficiency Test Websitet: https://www.jlpt.jp/about/levelsummary.html

● The aim of N1 major questions

Questions that aggregate the questions that appear in each test subject for each ability to be evaluated are called "major questions". Each major question is made up of multiple minor questions. The following section lists the aims of each major question of the N1 level

N1 test subjects (Test time)			N1 question composition	
			Major question	Aim
Language knowledge / Reading comprehension (110 minutes)	Characters / Vocabulary	1	Kanji reading	Test reading of words written in kanji
		2	Contextually defined expressions	Test words whose meaning is defined by context
		3	Paraphrases	Test words and expressions with similar meaning
		4	Usage	Test usage of words in sentences
	Grammar	5	Sentence grammar 1 (Selecting grammatical form)	Test judgement whether the grammatical form matches the sentence content
		6	Sentence grammar 2 (Sentence composition)	Test construction of syntactically correct and meaningful sentences
		7	Text grammar	Test judgment whether a sentence matches the flow of a passage
	Reading comprehension	8	Comprehension (short passages)	Test reading and understanding of texts of approximately 200 characters, such as explanatory notes and instructions, including various topics such as life and work
		9	Comprehension (mid-sized passages)	Test reading of texts of about 500 characters, such as critiques, commentaries, and essays, and understanding of causal relationships and motives
		10	Comprehension (long passages)	Test reading of texts of about 1,000 characters, such as commentaries and essays, and understanding of synopses and the author's way of thinking
		11	Integrated comprehension	Test reading and comparison of multiple texts (total of about 600 characters) and understanding while comparing and integrating
		12	Thematic comprehension (long passages)	Test reading of abstract and logical texts of approximately 1,000 characters, such as editorials and critiques, and the ability to grasp overall intended points and ideas
		13	Information retrieval	Test ability to retrieve necessary information from materials such as advertisements, brochures, magazines, and business documents (approximately 700 characters)
Listening comprehension (55 minutes)		1	Task-based comprehension	Test understanding of contents while listening to coherent texts (test ability to comprehend information to resolve specific issues and understand appropriate action to take)
		2	Comprehension of key points	Test understanding of contents while listening to coherent texts (test ability to narrow down points based on things to listen for presented in advance)
		3	Comprehension of general outline	Test understanding of contents while listening to coherent texts (test understanding of speaker's intention and ideas from overall text)
		4	Quick response	Test ability to select appropriate responses while listening to short utterances such as questions
		5	Integrated comprehension	Test understanding of contents through comparison and integration of multiple information sources while listening to relatively long text

From the official Worldwide Japanese-Language Proficiency Test Websitet: https://www.jlpt.jp/guideline/pdf/n1_revised.pdf

이 책의 특장점

❶ 철저한 시험 데이터 분석을 통해 정말로 필요한 지식만을 엄선

주식회사 AJ Online Test (이하, AOT)가 독자 개발한 AI 시스템을 통해 장기간에 걸쳐 일본어능력시험(JLPT) 문제를 철저하게 분석하여 "실제로 시험에 나올 수 있는 리얼한 어휘와 표현 그리고 문법"을 엄선하여 제작하였습니다.

❷ AI를 이용한 3단계 난이도 산출

문제의 난이도는 어휘나 문법 용례, 질문 방법 등 다양한 요소에 의해 결정됩니다. 이 책은 각 문제의 일본어 자체의 난이도 뿐만 아니라 AOT가 운영하고 있는 온라인 모의고사(이하, ioJLPT. 자세한 내용은 오른쪽 페이지 참조)를 응시한 일본어 학습자의 응시결과를 AI를 통해 종합적으로 분석하여, 더욱 "리얼한 난이도"(3단계)를 제시합니다. (독해 문제는 문장의 길이나 한자의 비율, 사용된 단어의 레벨에 따라 종합적으로 산출된 난이도를 제시)

따라서, 언뜻 보기에 간단해 보이지만 난이도가 높은 문제는 특히 "주의해야 할 문제"이기 때문에 문제를 풀 때에도 복습할 때에도 주의를 기울일 필요가 있습니다. 이는 스스로의 실력과 앞으로의 학습 방향 진단에 참고가 될 수 있을 것입니다.

❸ 온라인 JLPT 모의고사 1회 무료 응시 (이 책 포함 합계 3회분의 모의고사!)

이 책의 모의고사(2회분)에 더해, 온라인 JLPT 모의고사를 1회 무료로 응시할 수 있습니다. 공부를 시작하기 전 실력진단이나, 시험 직전 최종 체크 등, 여러분이 원하는 타이밍에 온라인 JLPT 모의고사를 활용해 주세요.

이 책의 사용법

별책의 문제용지 맨 뒷장에 있는 해답용지를 잘라내어 사용해 주세요.

효과적인 모의시험을 위한 포인트

· 모의시험은 도중에 멈추지 말고 시간을 재면서 실제 시험과 동일한 조건에서 응시해 주세요.
· 제1회 시험의 목적은 "문제 형식, 시험 시간 파악 및 현 시점에서의 실력 확인"입니다. 그리고 제2회와 온라인 시험의 목적은 "전 회보다 얼마나 실력이 향상되었는가에 대한 확인"입니다. 따라서 2회분 시험을 한 번에 푸는 것이 아니라, 목적에 맞게 스케줄을 고려하면서 풀어주세요.

추천 스케줄

❶ 제1회 모의고사 응시   본 시험 응시 수개월 전
  → 자신의 약점 분야 확인하고, 그 분야를 중심적으로 학습합니다.

❷ AOT 온라인 모의고사 응시   시험 2개월 전
  → 지금까지의 학습 성과를 확인하고 점수가 향상되지 않는 분야가 있다면 중점적으로 학습합니다.

❸ 제2회 모의시험 응시 시험 2주 전

→ 틀린 문제는 막판 스퍼트를 위해 착실하게 자신의 것으로 만들어 둡니다.

온라인 무료 모의고사 안내

「ioJLPT」는 AOT가 제공하고 있는 모의 일본어능력시험 온라인 테스트 시스템입니다. 이 책을 구입하시는 분은 핸드폰이나 PC를 통해 1회 분의 온라인 모의고사를 무료로 응시하실 수 있습니다.

구체적인 이용방법은 다음의 페이지를 참고해 주세요.

※온라인 모의 시험을 응시하려면 다음의 아이디와 비밀번호가 필요합니다.

아이디 : alcmoshin1
비밀번호 : alcN1jrpt
https://onlinejlpt.com/iotutor/realmoshi

청해시험 듣기평가 파일 다운로드 안내

이 책의 청해 시험의 듣기평가 파일은 컴퓨터나 스마트폰을 통해 무료로 다운로드 할 수 있습니다.

🖥 PC 이용시

① 아르크의 다운로드 센터에 접속합니다.
　https://portal-dlc.alc.co.jp
② PC 코드 「7023012」 혹은 「JLPT リアル模試 N1」로 검색하여 이 책의 음성 파일(zip 형식으로 압축)을 다운로드 합니다.

📱 스마트폰 / 태블릿 이용시

① 무료 앱 「booco」을 인스톨 합니다.

https://s.alc.jp/3dSKxS4

② booco 홈페이지 화면의 「さがす」에서 상품코드 「7023012」 혹은 「JLPT リアル模試 N1」로 검색하여 이 책의 청취 파일을 다운로드합니다.
※ booco 앱 상에서 청취파일을 재생할 수 있습니다.

일본어능력시험 (JLPT) 안내

●일본어능력시험이란

일본어능력시험은 일본어를 모국어로 하지 않는 사람의 일본어능력을 측정하기 위한 시험입니다. 그리고 일본어능력 뿐만 아니라, 취업, 승진, 자격인정 등에 활용할 수 있는 등, 수험생들의 응시 목적은 다양합니다.

●N1 시험문제의 구성, 과락과 합격점

　일본어능력시험 N1 은 "언어지식(문자 · 어휘 · 문법) · 독해"와 "청해", 두 파트로 구성되어 있습니다. 그러나 점수 구분은 "언어지식(문자 · 어휘 · 문법)", "독해", "청해" 세 파트로 나뉩니다. 종합점수가 100점(합격점) 이상이면 합격입니다만, 파트 별로 합격에 필요한 과락 점수가 있기 때문에, 하나라도 과락인 파트가 있다면 종합 점수가 아무리 높아도 불합격이 되기 때문에 주의해야 합니다. 각 파트에는 "과락 점수"가 있으며, 합격하기 위해서는 합계 점수가 100점을 넘어야 하며, 각 파트도 모두 "과락 점수"를 넘어야 합니다.

	시험 과목	시간	파트 및 과락점수		합격 기준
①	언어지식 (문자 · 어휘 · 문법)	110분	①	19점	종합 점수 100점 이상 &전 파트 과락점수 이상
	독해		②	19점	
②	청해	55분	③	19점	

　상세한 시험내용에 대한 설명은 주관사 홈페이지에 게재되어 있습니다. 시험에 응시하기 전에 확인해 두시기 바랍니다.
일본어능력시험 공식 웹사이트 : **https://www.jlpt.jp**

●N1 인정 기준

　각 레벨의 인정 기준은 언어행동 중【읽기】【듣기】를 기준으로 합니다. 각 레벨에는 이들 언어행동을 위한 언어지식이 필요합니다. 구체적인 N1 인정 기준은 다음과 같습니다.

　폭 넓은 상황에서 사용되는 일본어를 이해할 수 있다.
【읽기】
・폭 넓은 화제를 다룬 신문의 논설, 평론 등, 다소 논리적으로 복잡한 문장이나 추상적인 문장 등을 읽고 문장의 구성이나 내용을 이해할 수 있다.
・다양한 화제의 깊이 있는 읽을 거리를 읽고 이야기의 흐름이나 상세한 표현의도를 이해할 수 있다.
【듣기】
・폭 넓은 상황에서 자연스러운 속도로 진행되는 일관성 있는 대화, 뉴스, 강의를 듣고, 그 이야기의 흐름이나 내용 혹은 등장인물의 관계나 내용의 논리구성 등을 상세히 이해하거나 요지를 파악할 수 있다.

일본어능력시험 공식 웹사이트 발췌 : https://www.jlpt.jp/about/levelsummary.html

●N1의 문제 유형 및 취지

측정하고자 하는 능력별로 각 시험과목에 출제되는 문제를 분류한 것을 문제 유형이라고 합니다. 각 문제 유형에는 다수의 문제가 포함되며, N1 레벨의 각 유형 별 취지는 다음과 같습니다.

N1 시험과목 (시험시간)			N1 문제 구성	
			문제 유형	취지
언어지식· 독해 (110분)	문자·어휘	1	한자 읽기	한자로 쓰여진 어휘의 읽는 방법을 묻는 유형
		2	문맥 규정	문맥에 따라 의미가 규정되는 어휘가 무엇인지를 묻는 유형
		3	유의 표현	주어진 어휘나 표현과 비슷한 의미의 어휘나 표현을 찾는 유형
		4	용법	제시된 어휘가 올바르게 쓰였는가를 묻는 유형
	문법	5	문법1 (문법 형식 판단)	문장의 내용에 맞는 문법 형식인지 아닌지를 판단할 수 있는지를 묻는 유형
		6	문법2 (문장 배열)	통어적으로 적절하고 의미가 통하는 문장으로 올바르게 배열할 수 있는 지를 묻는 유행
		7	문법3 (문장 흐름)	글의 흐름에 맞는 문장인지 아닌지를 판단할 수 있는가를 묻는 유형
	독해	8	내용 이해 (단문)	일상생활의 다양한 화제의 설명문이나 지시문 등 200자 정도의 지문을 읽고 그 내용을 이해할 수 있는지를 묻는 유형
		9	내용 이해 (중문)	평론, 해설, 에세이 등 500자 정도의 지문을 읽고 인과관계나 이유 등을 이해할 수 있는지를 묻는 유형
		10	내용 이해 (장문)	해설, 에세이, 소설 등 1000자 정도의 지문을 읽고 개요나 필자의 생각을 이해할 수 있는지를 묻는 유형
		11	통합 이해	두 지문(합계 600자 정도)을 비교하여 읽은 후 그 내용을 비교·통합하여 이해할 수 있는지를 묻는 유형
		12	주장 이해 (장문)	사설, 평론 등 추상적·논리적인 1000자 정도의 지문을 읽고 필자가 전달하고자 하는 주장이나 의견을 찾을 수 있는지를 묻는 유형
		13	정보 검색	광고, 팜플렛, 정보지, 비즈니스 문서 등 정보를 담고 있는 700자 정도의 지문에서 필요한 정보를 찾아내는 것이 가능한지를 묻는 유형
청해 (55분)		1	과제 이해	논지가 명확한 대화를 듣고 내용을 이해할 수 있는지를 묻는 유형 (구체적인 문제 해결에 필요한 정보를 파악하고 이어서 무엇을 해야 좋은지를 이해할 수 있는지를 묻는 유형)
		2	포인트 이해	논지가 명확한 대화를 듣고 내용을 이해할 수 있는지를 묻는 유형 (먼저 제시되는 반드시 들어야만 하는 내용을 바탕으로 포인트를 파악하면서 듣는 것이 가능한지를 묻는 유형)
		3	개요 이해	논지가 명확한 대화를 듣고, 내용을 이해할 수 있는지를 묻는 유형 (대화 전체에서 화자의 의도나 주장 등을 이해할 수 있는지를 묻는 유형)
		4	즉시 응답	질문 등의 짧은 대화를 듣고, 적절한 대응을 선택할 수 있는가를 묻는 유형
		5	통합 이해	다소 긴 내용의 대화를 듣고 복수의 정보를 비교 및 통합하면서 내용을 이해할 수 있는가를 묻는 유형

일본어능력시험 공식 웹사이트 발췌 : https://www.jlpt.jp/guideline/pdf/n1_revised.pdf

本书特点

❶彻底分析测试数据，精选真正必要的知识

作者团体的AJ Online Test株式会社（以下简称"AOT"）多年来利用独有的AI系统对日本语能力测试（JLPT）的考题进行分析，从庞大的数据中精选出"实际测试中会出现的词汇、表达和语法的真题"，编写了试题。

❷利用AI技术，计算出3个等级的难度

根据词汇、语法的使用方法、提问方式等各种因素，问题的难度会发生变化。本书中利用AI技术对参加引入日语等级的AOT线上模拟测试（以下简称"ioJLPT"。详情参阅右页）的日语学习者的测试结果进行分析，以"真实的易出错点"为标准，提出各问题的难度（3个等级）。（根据文章的长度、汉字的比例、使用词语的水平，显示综合计算出阅读问题的文章难度）

因此，乍一看很简单而其实难度很高的问题属于"应注意的问题"，答题时和复习时都需要充分注意。

请用作认清自身实力和课题的参考。

❸可以免费参加1次线上模拟测试（加上本书，实质上一共参加3次！）

除了本书的模拟测试（2次）外，还可以免费参加1次线上模拟测试。可以根据自身需要，在任意时间点参加测试，如作为开始学习前的摸底测试或临考前的最终测试等。

本书的使用方法

拆下另附的试卷，剪下试卷最后的答题纸后使用。

有效利用模拟测试的要点

· 建议模拟测试过程中不要中断，采用与正式测试相同的形式计时进行。
· 第1次测试的目的是"确认问题形式、测试时间长度、当时的实力情况"，第2次测试和线上模拟测试的目的是"确认实力较上一次提升了多少"。建议不要一次性做完2次测试，应根据目的按照时间计划进行测试。

建议时间计划

❶进行第1次模拟测试。 正式测试的数月前

→找出自身的短板内容。主要学习短板内容。

❷挑战AOT线上模拟测试。 正式测试的2个月前

→检验学习成果。如果有得分未能提高的部分，建议重点学习。

❸进行第2次模拟测试。 正式测试的2周前

→对于答错的问题，建议在最后冲刺阶段要切实掌握。

关于免费参加线上模拟测试

　"ioJLPT"是 AOT 提供的日本语能力测试的模拟测试系统。本书的读者可以使用智能手机或电脑免费参加 1 次线上模拟测试。

　详细的使用方法请参阅以下说明页。

※ 参加线上模拟测试，需要使用以下 ID 与密码。

ID：alcmoshin1

密码：alcN1jrpt

https://onlinejlpt.com/iotutor/realmoshi

关于听力测试音频下载

　本书听力测试的语音可以免费下载到电脑或智能手机上。

🖥 使用 PC 时

①访问 Alc 的下载中心。

　https://portal-dlc.alc.co.jp

②使用 PC 代码"7023012"或"JLPT リアル模試 N1"搜索，下载本书的音频文件（zip 压缩包）。

📱 使用智能手机 ／ 平板电脑时

①安装免费 APP"booco"。

https://s.alc.jp/3dSKxS4

②在 booco 主页面的"さがす"中使用商品代码"7023012"或
　"JLPT リアル模試 N1"搜索，下载本书的音频。

※ booco 可以在 APP 上播放音频。

关于日本语能力测试（JLPT）

●什么是日本语能力测试

日本语能力测试是以母语非日语学习者为对象，进行日语能力认定的测试。除了日语能力认定外，测试目的还包括就业、升职加薪、资质认定等多个范围。

●N1测试问题的构成、标准分和及格分

日本语能力测试N1的测试科目包括"语言知识（文字、词汇、语法）、阅读"和"听力"2个科目，得分分类分为"语言知识（文字、词汇、语法）"、"阅读"、"听力"3类。综合得分满100分（＝及格分）及格，但需要注意的是各单项得分分别设有及格分＝"标准分"，如果各单项得分中有一项没有达到及格分，那么无论综合得分多高都不能视为及格。

	测试科目	时间		得分分类与标准分	及格标准
①	语言知识（文字、词汇、语法）	110分钟	①	19分	综合得分满100分 &所有单项得分达到标准分
	阅读		②	19分	
②	听力	55分钟	③	19分	

测试内容的详细说明刊载在主办团体的主页上。建议测试前浏览相关内容。

日本语能力测试官方网站：https://www.jlpt.jp

●N1评定标准

各等级的评定标准以【读】【听】的语言行为表示。各等级分别需要一定的语言知识，以实现这些语言行为。N1评定标准如下。

一能够理解在多种场合使用的日语

【读】

· 阅读就多种话题编写的报纸论说、评论等逻辑较复杂的文章和抽象度较高的文章等，能够理解文章的构成和内容。

· 阅读各种话题具有深度的读物，能够理解对话的脉络和详细的表达意图。

【听】

· 收听在各种场合语速自然、内容完整的会话、新闻和讲课，能够深入理解对话的脉络和内容、出场人物的关系和内容的逻辑构成等，能够把握要点。

摘自日本语能力测试官方网站：https://www.jlpt.jp/about/levelsummary.html

●N1 大问题的考察点

各测试科目中按照准备评定的能力对问题进行汇总，汇总的问题叫做"大问题"。各项大问题中设有多个小问题。N1 等级各项大问题的考察点如下。

N1 测试科目 （测试时间）			N2 问题构成	
			大问题	考察点
语言知识、 阅读 （110分钟）	文字、词汇	1	汉字读音	考察汉字词语的读音
		2	语境规则	考察根据上下文语义规定的词语
		3	改换同义词	考察与题目中的词语及表达意思相近的词语及表达
		4	用法	考察词语在句子中如何使用
	文法	5	句子语法 1 （语法形式的判断）	考察判断语法形式是否符合句子内容的能力
		6	句子语法 2 （句子结构）	考察能否组成句法正确且意思成立的句子
		7	文章语法	考察判断句子是否符合文章脉络的能力
	阅读	8	内容理解（短篇文章）	阅读包括生活、工作等各种话题在内的说明文、指示文等200字左右的文本，考察能否理解内容
		9	内容理解（中篇文章）	阅读评论、解说、随笔等500字左右的文本，考察能否理解因果关系和事情缘由等
		10	内容理解（长篇文章）	阅读解说、随笔、小说等1000字左右的文本，考察能否理解文章概要和作者思路等
		11	综合理解	对比阅读多篇文本（合计600字左右），考察在对比、归纳的同时能否理解内容
		12	主张理解（长篇文章）	阅读社论、评论等具有抽象性、逻辑性的1000字左右的文本，考察能否完全理解文章整体想要表达的主张和意见
		13	信息检索	考察能否从广告、宣传册、资讯刊物、商业文章等信息素材（700字左右）中找出必要信息
听　力 （55分钟）		1	课题理解	收听内容完整的文本，考察能否理解内容（考察能否听懂解决课题所需的具体信息，并理解下一步应该做什么）
		2	要点理解	收听内容完整的文本，考察能否理解内容（考察能否根据事先提示的需了解内容来集中听取要点）
		3	概要理解	收听内容完整的文本，考察能否理解内容（考察能否从文本整体理解说话人的意图和主张等）
		4	即时回答	考察听到提问等简短发言时能否选出正确回答
		5	综合理解	收听较长的文本，考察在对多项信息进行对比、归纳的同时能否理解内容

摘自日本语能力测试官方网站：https://www.jlpt.jp/guideline/pdf/n1_revised.pdf

Đặc trưng của cuốn sách này

❶ Lựa chọn nghiêm ngặt những kiến thức thật sự cần thiết trên cơ sở phân tích triệt để dữ liệu các cuộc thi

Công ty cổ phần Thi Online AJ (dưới đây gọi là AOT), thuộc Hiệp hội tác giả, đã lựa chọn nghiêm ngặt ra "Các từ vựng, mẫu câu, ngữ pháp thực tế xuất hiện trong các kỳ thi" từ cơ sở dữ liệu khổng lồ đã được phân tích triệt để từ các đề thi Năng lực tiếng Nhật (JLPT) trong nhiều năm bằng AI riêng của Công ty, và xây dựng các đề thi.

❷ Sử dụng AI để tạo ra các câu hỏi với 3 cấp độ khó dễ

Độ khó của câu hỏi thay đổi tùy thuộc vào rất nhiều yếu tố khác nhau như cách sử dụng từ vựng, ngữ pháp, cách đặt câu hỏi. Cuốn sách này thì, bên cạnh cấp độ tiếng Nhật, còn dựa trên dữ liệu phân tích kết quả thi của các học viên đã dự kỳ thi mô phỏng online do AOT (dưới đây gọi là io JLPT, chi tiết mời tham khảo trang bên phải). vận hành, và dựa vào "mức độ dễ sai trên thực tế", để đưa ra mức độ khó dễ của mỗi đề bài (3 cấp độ). (Đề bài đọc hiểu thì thể hiện mức độ khó dễ đã được tính toán một cách tổng thể trong cả đoạn văn, dựa vào độ dài của đoạn văn, tỷ lệ chữ Hán, cấp độ từ được sử dụng).

Chính vì thế, ngay cả những đề bài dù nhìn thoạt qua có vẻ dễ, nhưng thực chất lại có độ khó cao thì sẽ là "bài cần chú ý", nên luôn cần lưu ý kể cả khi giải bài lần khi ôn bài.

Các bạn hãy tham khảo để hiểu rõ thực lực của mình và tìm ra bài tập phù hợp cho mình.

❸ Bạn có thể dự kỳ thi mô phỏng online miễn phí 1 lần nhé! (thực chất là bạn sẽ được dự thi 3 lần tất cả nếu gộp cả bài thi trong sách này!).

Cùng với kỳ thi mô phỏng trong cuốn sách này (2 lần), bạn sẽ được dự kỳ thi mô phỏng online miễn phí 1 lần nữa. Bạn có thể sử dụng những kỳ thi này vào thời điểm bạn muốn, dù đó là trước khi bước vào quá trình học tập để biết năng lực của mình, hay là ngay trước khi tham dự kỳ thi để tự xác nhận lại lần cuối.

Cách sử dụng cuốn sách này

Các bạn hãy tháo rời tập đề bài đính kèm, và hãy cắt rời tờ giấy điền đáp án ở cuối của tập đề bài đính kèm, rồi sau đó hãy sử dụng sách nhé!

Điểm quan trọng khi sử dụng kỳ thi mô phỏng một cách hiệu quả

· Bạn hãy vừa đo thời gian vừa làm bài thi mô phỏng đến cuối cùng, đừng bỏ cuộc giữa chừng, hãy làm bài y hệt như khi bạn làm bài thi thật.

· Mục đích của lần thi số 1 là để "xác nhận về hình thức đề bài, độ dài của kỳ thi, thực lực của bản thân tại thời điểm đó"; mục đích của lần thi số 2 và thi mô phỏng online là để "xác nhận xem hiện tại thực lực của mình đã nâng cao được bao nhiêu so với lần thi trước đó". Vì vậy bạn không nên làm một mạch cả 2 cuộc thi, mà hãy lên lịch làm 2 bài thi phù hợp với mục đích trên.

Lịch tác giả khuyến nghị

❶ Tiến hành làm bài thi mô phỏng lần 1. `trước kỳ thi thật vài tháng`

→ Xác nhận lĩnh vực mình còn yếu. Xác nhận được rồi thì sau đó hãy học tập trung vào lĩnh vực mình còn yếu.

❷ Thử sức với kỳ thi mô phỏng online AOT　trước kỳ thi thật 2 tháng

→ Xác nhận thành quả của quá trình học tập trước đó. Nếu có lĩnh vực nào mà điểm chưa tăng thì hãy tập trung vào đó để học nhiều hơn.

❸ Dự kỳ thi mô phỏng lần thứ 2.　trước kỳ thi thật 2 tuần

→ Những bài mà mình làm sai, càng phải học quyết liệt ở những thời gian cuối để biến nó thành kiến thức của mình!

Về tham dự kỳ thi mô phỏng online:

"ioJLPT" là một hệ thống thi mô phỏng kỳ thi Năng lực tiếng Nhật do AOT cung cấp. Những người sử dụng cuốn sách này được tham dự kỳ thi mô phỏng online 1 lần từ điện thoại thông minh hoặc máy vi tính.

Xin mời bạn hãy xác nhận tại trang hướng dẫn dưới đây để hiểu rõ phương pháp sử dụng cụ thể:

※ Khi sử dụng kỳ thi mô phỏng online, cần dùng ID và Password(mật khẩu) sau:

ID：alcmoshin1
Password：alcN1jrpt
https://onlinejlpt.com/iotutor/realmoshi

Về việc tải âm thanh cho bài thi nghe:

Âm thanh cho bài thi nghe của sách này có thể tải được miễn phí xuống máy vi tính và điện thoại thông minh.

🖥 Trường hợp sử dụng PC:

① Kết nối với trung tâm tải của ALC.

　https://portal-dlc.alc.co.jp

② Tìm kiếm với mã PC「7023012」hoặc「JLPTリアル模試 N1」để tải về máy File âm thanh của cuốn sách này (được nén bởi File zip).

📱 Trường hợp sử dụng điện thoại thông minh/ máy tính bảng:

① Cài ứng dụng miễn phí "booco".

https://s.alc.jp/3dSKxS4

② Bằng nút「さがす」hãy tìm kiếm từ booco trên màn hình trang chủ, dùng từ khóa để tìm kiếm là mã sản phẩm「7023012」hoặc「JLPTリアル模試 N1」, để tải về âm thanh của cuốn sách này.

※ booco có thể giúp bật âm thanh trên ứng dụng.

Về Kỳ thi năng lực tiếng Nhật (JLPT)

● Kỳ thi năng lực tiếng Nhật là gì?

Kỳ thi năng lực tiếng Nhật là kỳ thi để đo lường năng lực tiếng Nhật của những người sử dụng tiếng Nhật không phải như tiếng mẹ đẻ. Ngoài mục đích đo lường năng lực tiếng Nhật, kỳ thi này còn có rất nhiều mục đích khác như sử dụng kết quả thi phục vụ cho hoạt động tìm kiếm việc làm, tăng lương - tăng chức, chứng nhận tư cách v.v…

● Cấu trúc của đề thi N1, điểm sàn và điểm đỗ N1

Trong kỳ thi Năng lực tiếng Nhật N1 có 2 môn là "Tri thức ngôn ngữ (chữ - từ vựng - ngữ pháp) - Đọc hiểu) và "Nghe hiểu"; nhưng khi chấm điểm thì sẽ phân ra làm 3 loại điểm là "Tri thức ngôn ngữ (chữ - từ vựng - ngữ pháp)"; "Nghe hiểu" và "Đọc hiểu". Tổng điểm đạt từ 100 điểm (điểm đỗ) trở lên sẽ đỗ, tuy nhiên vẫn có điểm tối thiểu phải đạt được cho từng điểm thành phần (điểm sàn), và chỉ cần có 1 điểm thành phần không đạt điểm sàn thì dù tổng điểm có cao bao nhiêu đi chăng nữa, thí sinh vẫn trượt. Đây là điểm cần lưu ý.

	Môn thi	Thời gian	Điểm thành phần và điểm sàn		Điểm đỗ
①	Tri thức ngôn ngữ (chữ - từ vựng - ngữ pháp)	110 phút	①	19 điểm	Tổng điểm phải đạt từ 100 điểm trở lên và tất cả các điểm thành phần phải đạt từ điểm sàn trở lên.
	Đọc hiểu		②	19 điểm	
②	Nghe hiểu	55 phút	③	19 điểm	

Trên Website của Hiệp hội tổ chức kỳ thi có đăng Nội dung giải thích chi tiết về kỳ thi. Các bạn hãy xác nhận trước khi dự thi nhé!

Trích từ Website của kỳ thi Năng lực tiếng Nhật: **https://www.jlpt.jp**

● Tiêu chuẩn để chứng nhận N1

Tiêu chuẩn chứng nhận các cấp độ được thể hiện thông qua hành vi ngôn ngữ là "đọc" và "nghe". Ở từng cấp độ cần có tri thức ngôn ngữ để thực hiện được các hành vi ngôn ngữ trên. Tiêu chuẩn để chứng nhận N3 như sau:

Có thể hiểu được tiếng Nhật được dùng trong nhiều bối cảnh khác nhau

【Đọc】
- Có thể hiểu được cấu trúc và nội dung của đoạn văn khi đọc các đoạn văn tương đối phức tạp và trừu tượng về mặt logic, chẳng hạn như các bài bình luận, nhận xét trên báo chí về nhiều chủ đề khác nhau.
- Có thể hiểu được trình tự câu chuyện, ẩn ý sâu xa của câu văn khi đọc những đoạn văn có nội dung sâu sắc từ nhiều đề tài khác nhau.

【Nghe】
- Có thể hiểu được một cách cụ thể trình tự và nội dung câu chuyện, mối quan hệ giữa các nhân vật, cấu trúc logic của nội dung, và nắm bắt được ý chính của câu chuyện khi nghe các đoạn hội thoại hay bản tin có đủ nghĩa được nói với tốc độ tự nhiên, về nhiều bối cảnh khác nhau.

Trích từ Website của kỳ thi Năng lực tiếng Nhật: https://www.jlpt.jp/about/levelsummary.html

● Mục đích tập hợp câu hỏi của N1

Người ta gọi những các câu hỏi xuất hiện trong các môn thi nhằm đo lường từng năng lực cụ thể là "tập hợp câu hỏi". Trong mỗi tập hợp câu hỏi đều có rất nhiều câu hỏi nhỏ. Mục đích của các tập hợp câu hỏi trong N1 là như sau:

Các môn thi của N1 (thời gian thi)			Cấu trúc câu hỏi của N1	
			Câu hỏi chính	Mục đích
Tri thức ngôn ngữ - Đọc hiểu (110 phút)	Chữ · Từ vựng	1	Đọc chữ Hán	Hỏi về cách đọc của các từ được viết bằng chữ Hán
		2	Ngữ nghĩa theo mạch văn	Hỏi về từ ngữ có nghĩa theo mạch văn là gì?
		3	Các cách nói khác	Hỏi về từ và mẫu câu có ý nghĩa gần/ giống với từ và câu được nêu trong bài.
		4	Cách sử dụng	Hỏi về cách sử dụng của từ được nêu trong bài.
	Ngữ pháp	5	Ngữ pháp 1 trong câu (đánh giá hình thức ngữ pháp)	Hỏi xem thí sinh có đánh giá được hình thức ngữ pháp đã phù hợp với nội dung của văn bản hay chưa?
		6	Ngữ pháp 2 trong câu (cấu trúc câu)	Hỏi xem thí sinh có thể tạo ra câu đúng về cấu trúc ngữ pháp và sáng nghĩa hay không.
		7	Ngữ pháp của đoạn văn	Hỏi xem thí sinh có thể đánh giá rằng câu văn đã hợp với trật tự của đoạn văn chưa?
	Đọc hiểu	8	Hiểu nội dung (đoạn văn ngắn)	Cho thí sinh đọc đoạn văn về những chủ đề khác nhau, từ cuộc sống đến công việc, với những câu giải thích và câu chỉ thị, khoảng 200 từ, và kiểm tra xem thí sinh có hiểu được nội dung hay không.
		9	Hiểu nội dung (đoạn văn trung bình)	Cho thí sinh đọc đoạn văn khoảng 500 từ chủ đề bình luận, giải thích, hoặc bài luận v.v..và kiểm tra xem thí sinh có hiểu được mối quan hệ nhân quả và lý do hay không.
		10	Hiểu nội dung (đoạn văn dài)	Cho thí sinh đọc đoạn văn dài khoảng 1000 từ các thể loại như văn giải thích, bài luận, tiểu thuyết v.v...và hỏi xem thí sinh có hiểu được nội dung chính và ý tưởng của tác giả hay không.
		11	Hiểu tổng thể	Cho thí sinh đọc và so sánh nhiều đoạn văn (tổng cộng khoảng 600 chữ), rồi kiểm tra xem thí sinh có thể so sánh, tổng hợp và hiểu được nội dung không.
		12	Hiểu được quan điểm của người viết (đoạn văn dài)	Cho thí sinh đọc đoạn văn có tính trừu tượng, logic về các chủ đề nhận xét, bình luận các vấn đề xã hội dài khoảng 1000 chữ, rồi kiểm tra xem thí sinh có nắm bắt được quan điểm, ý kiến chủ đạo mà người viết muốn truyền tải là gì hay không.
		13	Tìm kiếm thông tin	Kiểm tra xem thí sinh có thể tìm kiếm được thông tin cần thiết từ các nguồn thông tin (lượng từ khoảng 700 từ) bao gồm quảng cáo, tờ rơi, tạp chí, văn bản trong kinh doanh hay không v.v…
Nghe hiểu (55 phút)		1	Hiểu vấn đề	Cho thí sinh nghe 1 đoạn có đủ nghĩa và kiểm tra xem thí sinh có hiểu được nội dung không (thí sinh cần nghe để hiểu thông tin cần thiết để giải quyết vấn đề, sau đó hỏi xem thí sinh rằng làm gì là thích hợp).
		2	Hiểu ý chính	Cho thí sinh nghe 1 đoạn có đủ nghĩa, và kiểm tra xem thí sinh có hiểu nội dung hay không (thí sinh cần nghe trước một số thông tin cần thiết, sau đó kiểm tra xem thí sinh có thể nghe ra được ý chính hay không?).
		3	Hiểu đại ý	Cho thí sinh nghe 1 đoạn có đủ nghĩa, và kiểm tra xem thí sinh có hiểu nội dung hay không (hỏi xem thí sinh có hiểu được ý đồ, quan điểm của người nói sau khi nghe hết đoạn băng không).
		4	Trả lời câu hỏi tức thì	Cho thí sinh nghe những câu hỏi ngắn, và hỏi xem thí sinh có lựa chọn được câu trả lời phù hợp nhất hay không.
		5	Hiểu tổng thể	Cho thí sinh nghe đoạn văn tương đối dài, để thí sinh vừa so sánh, tổng hợp nhiều thông tin, và kiểm tra xem thí sinh có hiểu được nội dung không?

Trích từ Website của kỳ thi Năng lực tiếng Nhật: https://www.jlpt.jp/guideline/pdf/n1_revised.pdf

第1回

答え

&

聴解スクリプト

答え

言語知識(文字・語彙・文法)・読解

問題1 → P.03

1	2	3	4	5	6
3	2	3	2	4	1

問題2 → P.04

7	8	9	10	11	12	13
4	1	1	2	1	3	2

問題3 → P.05

14	15	16	17	18	19
2	4	4	4	2	1

問題4 → P.06

20	21	22	23	24	25
1	2	4	1	1	1

問題5 → P.08

26	27	28	29	30	31	32	33	34	35
2	1	1	2	1	3	2	2	2	3

問題6 → P.10

36	37	38	39	40
2	1	1	2	1

問題7 → P.12

41	42	43	44	45
3	4	1	2	2

問題8 → P.14

46	47	48	49
2	1	1	2

問題9 → P.18

50	51	52	53	54	55	56	57	58
3	4	1	2	3	2	1	4	1

問題10 → P.24

59	60	61	62
4	4	1	3

問題11

63	64
4	1

問題12

→ P.28

65	66	67	68
3	2	2	4

問題13

→ P.30

69	70
3	2

ちょうかい
聴解

問題1

→ P.35

例	1	2	3	4	5
4	1	3	3	4	1

問題2

→ P.39

例	1	2	3	4	5	6
3	2	4	4	3	1	1

問題3

→ P.44

例	1	2	3	4	5
3	2	2	3	3	4

問題4

→ P.45

例	1	2	3	4	5	6	7	8	9
2	1	1	3	2	2	3	2	3	2

10	11
1	3

問題5

→ P.46

1	2	3(1)	3(2)
2	1	3	1

模擬試験 採点表

模擬試験の結果を書いて、点数を計算してみましょう。

※ JLPT N1に合格するためには、下の採点表の❶、❷、❸それぞれが19点以上、総合得点が100点以上必要です。

第1回

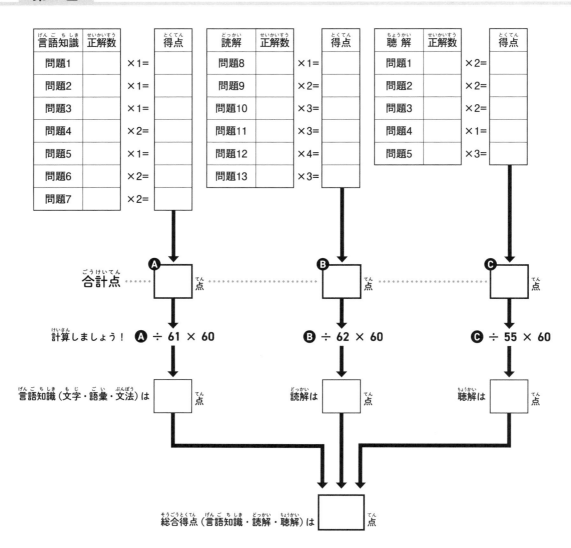

言語知識 正解数		得点
問題1	×1=	
問題2	×1=	
問題3	×1=	
問題4	×2=	
問題5	×1=	
問題6	×2=	
問題7	×2=	

読解 正解数		得点
問題8	×1=	
問題9	×2=	
問題10	×3=	
問題11	×3=	
問題12	×4=	
問題13	×3=	

聴解 正解数		得点
問題1	×2=	
問題2	×2=	
問題3	×2=	
問題4	×1=	
問題5	×3=	

合計点 …… ❶ [ ]点 …… ❷ [ ]点 …… ❸ [ ]点

計算しましょう！ ❶ ÷ 61 × 60　　❷ ÷ 62 × 60　　❸ ÷ 55 × 60

言語知識（文字・語彙・文法）は [ ]点　　読解は [ ]点　　聴解は [ ]点

総合得点（言語知識・読解・聴解）は [ ]点

※この採点表の配点は、「JLPT リアル模試」独自のものです。

第1回 聴解スクリプト

通し聞き用音声 🎧 MP3 N1-1-42

（M：男性　F：女性）

問題1

例　🎧 MP3 N1-1-02

答え：**4**

男の人と女の人が話しています。女の人はこれから何をしますか。

M：なあ、篤史と恵美が結婚するって聞いた？

F：うん。3月に入籍するんだってね。おめでたいね。

M：そうだよな。昔からの友達が結婚するって、感慨深いな。

F：ほんとほんと。幼なじみの二人が付き合い始めた時は、こうなるといいなって何となくは思ってたけど、ついにその日が来るとはね。

M：うん。でさ、結婚式にはもちろん行くけど、仲間内でお祝いのプレゼントを贈らないか。

F：あ、そうだね。みんなである程度出し合ったら、結構いい物をあげられそう。

M：食器だとかタオルはたくさんもらうだろうし、何がいいかな。

F：ちょっとした家電がいいと思うな。うーん、例えば加湿器とか、スタンドライトとか。家に二つあっても使えるもので。

M：なるほど、家電か。最近はおしゃれなものも多いし、良さそうだな。

F：じゃ、最近の売れ筋が何なのか見てみるね。

M：うん、俺はとりあえず、他のメンバーに声をかけるよ。

女の人はこれから何をしますか。

. . . .

1番　🎧 MP3 N1-1-03

答え：**1**

電話で女の人と家具店の店員が話しています。女の人はこれから何をしますか。

F：もしもし、以前そちらで椅子を購入した者なんですが、最近その椅子がギシギシと音が鳴ってうるさいんです。買った時に、無料で修理もしてくださるとお聞きしたんですが、可能でしょうか。

M：はい。保証の対象期間でしたら、無料で修理が可能ですが、いつ頃ご購入されましたか。

F：えっと、確か去年の3月だったと思います。

M：そうですか。お客様、申し訳ございません。保証の対象期間は購入日から1年以内となっておりまして、去年の3月ですと、1年以上経っていますので、有料で修理

を 承 ることになりますが、よろしいでしょうか。

F：ああ、そうなんですね。同じデザインの椅子と交換もできないですよね？

M：そうですね。交換も、購入されて１年以内の方が対象になります。おそらく音が鳴る
のは、ネジが緩んでいるのが原因だと思われますので、座る部分の裏にあるネジをき
つく締めると多少、改善されるとは思うんですが。

F：へえ、ネジですか。この椅子、すごく気に入ってるんですけど、実は生地も少し破け
ちゃってるんですよね。これを機に新しい椅子、買っちゃおうかしら。

M：お客様、よろしければ、ぜひ一度お店へお越しください。新しいデザインの椅子が多
数入荷しておりますので。

F：そうですか。じゃ、あとで夕方にでも、ちょっと寄ってみることにします。

女の人はこれから何をしますか。

....

2番 🎧 MP3 N1-1-04   [答え：3]

家で夫婦がおせち料理について話しています。妻はこれから何をしますか。

F：今度のお正月のおせち料理は、駅前のさくら百貨店で買おうと思うんだけど、どう？
一度食べてみたかったのよ。ちょうど、今日の５時から予約開始なの。

M：おお、いいんじゃない？　でも、さくら百貨店のおせちって大人気だから、簡単に予
約が取れないんじゃないのか。ネットからの予約はアクセスが集中して、なかなか予
約が取れないって聞いたけど。

F：あのね、山本さんの奥さんに聞いたんだけど、電話でも予約ができるんですって。つ
ながりにくいだろうけど、根気強く頑張ってみるわ。

M：電話もなかなか厳しいと思うぞ。そうだ、ゆきこが電話してる間に、俺がネットから
予約してみるよ。

F：それ、いいわね。ネットの予約はさくら百貨店の会員しかできないらしいわよ。前もっ
て登録しておいてね。

M：わかったよ。これでもし、どっちも予約ができなかったら、店頭での販売開始の日に
お店に並びに行くことになるな。

F：えー、整理券もらうのに何時間も並ぶなんてごめんだわ。

妻はこれから何をしますか。

....

3番 🎧 MP3 N1-1-05   [答え：3]

携帯電話ショップで女の人と店員が話しています。
女の人は通信費を節約するために、まず何をしなければなりませんか。

F：あの、携帯電話の料金プランを見直したいんですけど、一度見てもらえますか。

M：はい、承知しました。ではまず、お客様の現在のご利用状況から見てみますね。えーと、そうですね。通話とデータ利用量、ともに現在のプラン内で収まっていますけれども、逆にいうと、むしろかなり余裕のあるプランかなという気はします。

F：ああ、やっぱりそうですか。ふと冷静に考えてみたんですけど、通話かけ放題のプランなのに、最近はほら、電話で話すよりメッセージアプリでやりとりすることが増えたじゃないですか。だからね、何だか損をしてるんじゃないかって気になって……。

M：なるほど、そうですよね。ただですね、今、さらに詳しく見てみたんですが、お客様の場合、ご主人名義の携帯、それからご主人名義で所有のもう1台と、全部で3台がファミリー割引になっています。

F：ええ、ええ、そうだったかもしれない。もう1台は娘が使ってる携帯なんですけど。それで、今より全体的に通信費をスリムにできる方法は何かあります？

M：6,900円のプランに、ファミリー割引が適用されて、基本5,900円になっている状況です。基本料金のスリム化ということであれば、一番お安いのが3,900円のプランなんですけれども、もしデータ通信量が規定容量を超えた場合、通信速度に制限がかかることがありますので、こちらはおすすめしかねます。

F：確かに、お得になるのかどうか、やってみないとわからない感じね。

M：今ですね、ファミリー割引ネクストGサービスという期間限定プランがございまして、今月中にこちらのプランに変更されると、これから半年間、毎月1,000円割引がプラスされます。

F：半年間だけ、さらに1,000円割引になるんですか。

M：はい、その通りです。ご家族でご利用の3台一緒に変更が必要になりますので、2台の名義人のご主人と再度一緒にご来店いただければと思います。半年後のサービス終了時には今一度プランの見直しをご案内させていただきますし、今現在としましては、こちらの方法が一番お得になりそうです。

F：わあ、いろいろとお手数おかけしますが、そうさせていただくわ。ありがとうございます。

女の人は通信費を節約するために、まず何をしなければなりませんか。

. . . .

4番　🎧 MP3 N1-1-06　[答え：4]

夫婦が家で話しています。このあと、最初にやるべきことは何ですか。

F：念願のマイホーム、購入は決まったけど、気が休まらないわ。何の手続きから始めればいいのか、少し途方に暮れちゃうわ。

M：確かに。車の免許証も住所変更しないといけないな。

F：あなた、そんなの後でもいいでしょ。住所が違ったって運転はできるんだから。それ

よりあれよ、サチコの中学の転校手続きとか、電気、ガス、水道とか、それから……。

M：インターネット回線も、新しい家で工事が必要になるぞ。3月4月は引っ越しシーズンだから予約ができなくなるかもしれん。

F：引っ越し業者もそうね。早く見積もりをしてもらって業者を決めなきゃ。

M：待てよ、この賃貸マンションを引き払う段取りはどうなる？

F：たいてい30日前とか2か月前とかに解約の申し入れをするんじゃないかしら。でないと、家賃を余計に払うことになるわ。

M：新居には4月に入居だから、もし2か月前に言う契約内容なら1月末には伝えないとな。

F：あなた、それ今週よ。早く管理会社に連絡して確認してちょうだい。

M：わかった。区役所に転入届も出さないと……。

F：それは引っ越してからでしょ。それに転入届の前に、今の区に転出届を出すのが先だし。

M：お、そりゃもっともだ。

F：児童手当の住所変更もあるし、銀行口座と、パスポートと……。あっ、通販サイトの住所変更をするにはインターネットがつながってないと！

このあと、最初にやるべきことは何ですか。

・・

5番 🎧 MP3 N1-1-07　　　　　　　　　　　　　[答え：1]

料理教室で先生が話しています。生徒はこれからまず何をしますか。

F：今日の授業では、エビフライとコロッケを作ります。まずはエビの下処理をします。エビの殻をむいて、背わたを取ってください。水で洗った後、キッチンペーパーで水気をとったら、軽く塩とこしょうを振ります。
次に、じゃがいもを茹でていきます。じゃがいもは火が通るのに時間がかかるので、小さく切ってから茹でましょう。火が通ったら、つぶして、あらかじめ炒めておいたお肉と玉ねぎを混ぜて、コロッケの形にしていきます。
では早速、ここまで説明した通りにやっていきましょう。わからないことがあれば、何でも聞いてくださいね。

生徒はこれからまず何をしますか。

問題2

例 🎧 MP3 N1-1-09 　　[答え：**3**]

ラジオで社会学の専門家がシェアハウスについて話しています。専門家はシェアハウス暮らしでは、どんなことが大切だと言っていますか。

M：シェアハウスで耳にする雑多な音を、単なる騒音と感じるのか、安心感と捉えられるのか、これだけをとってみても、ご自身がシェアハウス向きかどうかがわかると思います。シェアハウスのメリットは、さまざまな経験や価値観を持つ人と出会うこと、そして「誰かがいる」という安心感なのです。デメリットはもちろんあります。共用スペースを複数人で使うため、設備を好きな時間に使えない場合もあれば、どうしても関係性が良くないハウスメイトもいるでしょう。シェアハウスでは、異なる価値観を認めることが必要です。理解までは難しいかもしれませんが、そんな考えがあると知るだけで、人は柔軟になれるものです。否定から入ると壁ができてしまい、話し合うことすらできなくなります。トラブルは防ごうとしても起こりますし、未然に防ぐのは至難の業です。ルールを守らない人や、規則に無関心な人をルールづくりに参加させることも重要です。そういったシェアハウスでの経験は、その先の将来、誰かと暮らすことに対して、肯定的な作用を及ぼすでしょう。

専門家はシェアハウス暮らしでは、どんなことが大切だと言っていますか。

・・・

1番 🎧 MP3 N1-1-10 　　[答え：**2**]

女の人と男の人が話しています。男の人が推理小説を好きな一番の理由は何ですか。

F：佐藤さん、何読んでるの？
M：推理小説。子どもの頃から好きで、小説は推理小説しか読まないんだ。
F：ふーん。そんなに好きなんだ。推理小説って、どういうところが面白いの？
M：犯人を予測するのも面白いし、いろんな登場人物の視点で読めたり、予想外の結末を迎えたり……。挙げたらきりがないな。
F：へえ、そうなんだ。
M：何より、ストーリー展開が早くて緊張感もあるから、内容に没頭できるところが一番面白いかな。
F：私も今度読んでみようかな。何かおすすめの推理小説ってある？
M：今読んでいるこの本も結構面白いよ。短編集だから読みやすいし。
F：じゃあ、佐藤さんが読み終わったら借りてもいい？
M：もちろん。他にもおすすめの本はたくさんあるから、いくらでもどうぞ。

おとこ ひと すいり しょうせつ す いちばん りゅう なん
男の人が推理小説を好きな一番の理由は何ですか。

....

2番 🎧 MP3 N1-1-11　　　　　　　　　　　　　[答え：**4**]

うちで妻と夫が話しています。妻は、隣の家の息子がどうして留年したと言っていますか。

F：お隣さんの息子さん、留年したんですって。

M：ふーん。またなんでそんなことに？

F：それが、勉強そっちのけで遊びまくってたみたいよ。

M：けど、あの子、ラグビー頑張ってたんじゃないのか？

F：ええ、わざわざラグビーの強い大学に入ったくらいだもの。で、その仲間と、はまっ
　　てたんだって、麻雀に。

M：ただの噂じゃないのか。そんな具体的な話、どこで入手したんだ？

F：いろんな情報筋からよ。

M：まあ、大学生ともなると、誰も勉強しろとは言ってくれないからな。

F：そんな大学生にもなって、お尻叩かれるほうがおかしいわよ。自分で決めた道は自分
　　で歩かなきゃ。

M：そりゃそうさ。とはいえ、遊びたい盛りだからな。

F：だいたいあそこの奥さん、子どもに甘いのよね。

M：おいおい、そういう言い方はやめなさい。また、どこかで言って変に噂にでもなった
　　ら、どうするんだ。

妻は、隣の家の息子がどうして留年したと言っていますか。

....

3番 🎧 MP3 N1-1-12　　　　　　　　　　　　　[答え：**4**]

テレビでアナウンサーと弁護士が話しています。弁護士は協議離婚をどう説明していま
すか。

F：日本における夫婦の離婚原因で最も多いのは、「性格の不一致」だそうです。中山先
　　生、これは具体的にどういうことを示しているのでしょうか。

M：はい。実は、これには明確な定義がないんですよ。

F：そうなんですか。

M：実際に「性格の不一致」で離婚した例で言いますと、お互いの性格や生活習慣などの
　　違いから喧嘩が絶えない夫婦、ということになりますね。また、生活時間帯のずれに
　　よるコミュニケーション不足も原因に挙げられますが、話す時間が少なくなったりす
　　ると、うまくいかなくなる場合もありますね。

F：大きなトラブルもないのに「性格の不一致」で離婚はできるのでしょうか。

M：はい。特にどちらかに過失があったわけではない場合、夫婦の間で離婚に対する同意
　　があるのかがポイントになります。

F：お互いが、「性格の不一致」を解消しようとしても歩み寄りができず、一緒に生活し
　　ていくのは無理だと思った場合、ということになりますか。

M：そうですね。これを「協議離婚」といって、夫婦の話し合いによって離婚の手続きが
　　進められます。

弁護士は協議離婚をどう説明していますか。

- -

4番 🎧 MP3 N1-1-13　　　　　　　　　　　　　　　［答え：3］

会社の会議で女の人と男の人が話しています。二人は新商品をどのように企画すること
にしましたか。

F：きたるクリスマス商戦に向け、わが社のコンビニからも新スイーツを売り出そうと考
　　えています。何かいいアイデアはありますか。

M：ツリーやサンタなどをモチーフにしたカップケーキはどうでしょう。

F：うーん、クリスマスらしさがあって、定番ではありますよね。でも、カップケーキは
　　地味すぎないですか。高級感も出しにくそうですし。

M：見た目よりも、食感重視で行くんです。「もっちり」や「濃厚」をうたった商品は他
　　社にも多いから、わが社は「シュワシュワ溶けるスイーツ」で攻めるというのも面白
　　いんじゃないでしょうか。

F：ふーん、なるほど。シュワシュワと雪のように溶ける感じか……。じゃあ、カップケー
　　キというより、スフレケーキになりますね。

M：そうですね。それから、今はどのコンビニも有名な洋菓子店とのコラボに熱を入れて
　　るじゃないですか。スフレケーキだったら、どこがいいですかね？

F：他社の類似品で平均点を取りにいくのは、やめませんか。流行りのキャラクターとの
　　コラボはどうでしょう。クリスマスの衣装を着たキャラクターの限定フィギュアをつ
　　けるんです。

M：それはかなりの差別化になりますね。

F：ええ。じゃあ、その方向性で企画を進めてみましょう。

二人は新商品をどのように企画することにしましたか。

- -

5番 🎧 MP3 N1-1-14　　　　　　　　　　　　　　　［答え：1］

男の人と女の人がお見合いについて話しています。女の人は相手のどんな性格が合わな
いと感じましたか。

M：で、どうだったわけ？　この前のお見合い。

F：それがもう、聞いてよ。仲介してる人に断りの連絡は入れたのよ。でも、ちゃんと話が伝わってないのか、相手から電話やメッセージがくるんだよね。

M：なんだ、失敗か。えっ、きちんと言わなかったの？　付き合う気はないって。

F：いや、だから、本人にも、それとなくは言ったつもりだったんだけど、うまく伝わってないみたいで……。

M：お断りの理由は何？　どんな人？　気を使えない人だった？

F：うーん、なんていうか、すごく几帳面な感じでね。細かいことを気にするタイプ？

M：ああ、君は大雑把な性格だから、合わなそうだね。

F：そういうわけ。傷つけないようにって思って、遠回しに伝えたんだけど今日にでももう一回連絡して、はっきり言ったほうがいいね。

M：うん。こう言っちゃなんだけど、もう会わない人なんだし、変に期待を持たせないほうが、その人のためにもいいと思うよ。

女の人は相手のどんな性格が合わないと感じましたか。

....

6番　🎧 MP3 N1-1-15　　　　　　　　　　　　　　[答え：1]

学校で男の学生と女の学生が話しています。女の学生はどうして夜眠れませんか。

M：ヒロミさん、全国大会に出場するなんて本当にすごいよ。でも、最近、遅くまで練習してるよね。大会前で練習が大変なの？

F：うん。試合前だから練習時間が増えたの。毎日夜の10時までテニスコートにいるわ。だけど、この大会のためだけに頑張ってきたようなものだからね。練習は大変だけど、時間が経つのも忘れるくらい集中してるよ。

M：さすがだね、すごいな。ところでテニス部の顧問の先生ってさ、すごく厳しくて有名じゃない？　怖そう。

F：ああ、宗方先生のこと？　見かけによらず、生徒想いなんだよ。私のテニスの実力を引き上げてくれたのも宗方先生だし。それより、プレッシャーのせいか夜眠れないことがあるの。先生は練習が勝利を導いてくれるって言うけど、正直不安だわ。

M：そりゃ緊張するよね。でも全国大会に出場できるくらい練習してきたんだから、絶対にいい結果が出るはずだよ。自分を信じて。応援してるよ。

女の学生はどうして夜眠れませんか。

問題3 ──────────

例 🎧 MP3 N1-1-17 [答え:**3**]

テレビで男の人が話しています。

M:コーヒーを入れた後に出る残りかすにはさまざまな利用方法があることが、注目されています。ご存じでしたか。コーヒーのかすは日光でよく乾燥させた後、冷蔵庫や靴箱など、臭いの気になるところに置いておくと、消臭効果が期待できます。また新聞紙に包んで靴の中に入れておくと消臭だけでなく、除湿効果があります。他には、コーヒーかすを観葉植物の土に混ぜることによって、通気性が改善され、植物の育成にも効果があるといわれています。捨ててしまえばそれで終わってしまうコーヒーかすも、いろんな場面で再利用することができます。コーヒーを楽しんだ後は、コーヒーかすを再利用してみてください。

男の人は何について伝えていますか。

1 コーヒーのおいしい飲み方
2 コーヒーの新しい楽しみ方
3 コーヒーの残りかすの活用法
4 コーヒーの残りかすの捨て方

· ·

1番 🎧 MP3 N1-1-18 [答え:**2**]

会議で女の人が話しています。

M:仕事の効率を上げるため仮眠時間を設けたり、仮眠室を設置する企業が出てきました。日中約20分程度、仮眠をとることで集中力が上がり、作業の効率が上がるそうです。私は、会社員のみならず、子育て中の忙しい主婦や受験勉強中の学生にもこの仮眠は効果があるのではないかと考えております。そこで、本プレゼンでは、この仮眠に注目し、ベッドがなくてもデスクで使うことができる仮眠専用の枕の開発を提案させていただきたいと思います。

女の人は何を話していますか。

1 集中力をあげる方法
2 新製品開発の根拠と提案
3 仮眠が体に与える影響

2番 🎧MP3 N1-1-19 ［答え：2］

ラジオでバリスタが話しています。

M：ここ数年でコンビニのコーヒーが進化しています。コンビニ各社では、コーヒー豆や焙煎にこだわっており、なかなかおいしいコーヒーが飲めるようになりました。そして値段が手ごろなのが特徴です。いろんなコーヒーを飲んできた私でも、近頃のコンビニのコーヒーはレベルが高いと感じますね。多くの方が利用されるというのも頷けます。コンビニごとに味わいが異なりますが、ナインイレブンのコーヒーは香りが良くすっきりとした味わいで、おいしかったですね。もちろん、時間をかけて入れるコーヒーは格別ですよ。本格コーヒーを味わいたい時は、ぜひ私のお店にお越しくださいね。

バリスタは何について話していますか。

1　コンビニのコーヒーの価格
2　コンビニのコーヒーの良さ
3　自分のお店の宣伝
4　コーヒー豆の選び方

3番 🎧MP3 N1-1-20 ［答え：3］

学校で先生が話しています。

M：えー、6月5日が「環境の日」ということで前々回の授業から地球の環境問題について学んでいるわけですが、前回のテーマは何だったか、皆さん覚えていますか。そう、「地球温暖化」でしたね。地球温暖化が私たちの生活に与える影響について考えました。温暖化は人間だけではなく、地球上に住む動物にも大きな影響を与えています。地球上からいなくなる可能性がある動物のことを「絶滅危惧種」と呼んでいますが、温暖化の影響で絶滅危惧種の数が増加の一途をたどっているんです。今日は、絶滅危惧種を増やさないために、私たちにできる取り組みは何か、グループで考えたいと思います。

今日の授業のテーマは何ですか。

1　動物保護とグループワーク
2　絶滅危惧種の定義と温暖化の関係

3 絶滅危惧種の増加を防ぐ対策
4 温暖化が地球に与える影響

. . . .

4番 🎧MP3 N1-1-21 [答え：3]

防犯教室で警察官が話しています。

F：身に覚えのない請求書が届くという、架空請求の詐欺被害が相次いでいます。商品やサービスをあたかも契約したかのように見せかけ、はがきや電子メールなどで請求書を送り、金銭をだまし取るという手口です。支払わなかったら法的処置をとる、といった消費者の不安をあおるようなメッセージが書かれていることもあるため、多くの方が払ってしまうわけです。大事なことは、このような請求書が届いても、心当たりがなかったら支払いに応じないことです。また確かめようとして請求書に書かれている連絡先に電話をするといった行動は、個人情報を更に知られてしまう原因になります。ですので、絶対に連絡をしないでください。怪しい請求書が届いたら、消費者センターか警察に相談してください。また、悪質な取り立てをされたときは、速やかに警察に届け出ましょう。

警察官は何について伝えていますか。

1 本物の請求書の見分け方
2 個人情報を知られた事件
3 架空請求された場合の対処法
4 警察への被害届の出し方

. . . .

5番 🎧MP3 N1-1-22 [答え：4]

町内会長が子ども会のイベントについて保護者に話しています。

M：来週末は防災訓練を兼ねた「イベント・キャンプ」を行います。このキャンプは子どもたちが防災訓練の大切さを理解するために開催されます。保護者の皆様もこの訓練の重要性を理解し、ご協力ください。これからプリントをお配りします。当日持ってきてほしい持ち物や注意事項が書いてありますので、必ず目を通してください。プリントにも書きましたが、防災訓練の一環として非常食体験も行います。こちらで乾パンとお粥を準備しますが、それだけでは足りないと思うので、缶詰などの非常食を2種類持参してください。実りあるイベントになるよう最善を尽くしてまいりますので、皆様もぜひ、ご協力お願いいたします。

町内会長が最も伝えたいことは何ですか。

1　防災キャンプの詳細
2　参加者の安全性の確保
3　訓練の重要性
4　保護者の協力の大切さ

問題4 —————————————————————————

例　🎧 MP3 N1-1-24　　　　　　　　　　　　　［答え：2］

M：断りたいんですけど、どう言ったら角が立たずに済むでしょうか。

F：1　こうしている間に早く言ってしまいましょう。
　　2　予定があることと残念な気持ちを上手に伝えたらいいかと思います。
　　3　平和に解決できてよかったです。

....

1番　🎧 MP3 N1-1-25　　　　　　　　　　　　　［答え：1］

M：ねえ、広報課の南さんが結婚するって聞いた？

F：1　え？　総務課の高橋さんとかな？
　　2　ああ、だから、さっきみんなうずうずしてたんだ。
　　3　わあ、結婚式は好ましいね。

....

2番　🎧 MP3 N1-1-26　　　　　　　　　　　　　［答え：1］

F：お父さん、送ってくれなくていいってば。もう間に合わないって。

M：1　車なら間に合うかもしれないだろ。早く乗れ。
　　2　そうだな、諦めたら負けだ。試験、頑張ってこいよ。
　　3　母さんが間に合わないと言ってたのか。

....

3番　🎧 MP3 N1-1-27　　　　　　　　　　　　　［答え：3］

F：店員におだてられて、この服、ついつい買っちゃった。

M：1　ついに買えたんだ。よかったね。
　　2　気兼ねなく買えてよかったね。
　　3　いいじゃないか。よく似合っているよ。

- -

4番　🎧MP3 N1-1-28　　　　　　　　　　　　　　答え：2

F：このままだと締め切りには到底間に合いそうもありません。

M：1　そうか。どうりで軌道に乗っているわけだ。
　　2　仕方あるまい。私から一度、先方に掛け合ってみよう。
　　3　そうか。差し支えない範囲で頑張ってくれ。

- -

5番　🎧MP3 N1-1-29　　　　　　　　　　　　　　答え：2

F：水野先生、今日は虫の居所が悪かったのかな。

M：1　僕は虫は得意だから、別に平気だったけど。
　　2　いくら何でも、ずけずけ言いすぎだったよね。
　　3　居所が悪いのは理解できないでもないけど。

- -

6番　🎧MP3 N1-1-30　　　　　　　　　　　　　　答え：3

M：浴室に大きな窓をつける件は、やっぱり無理だと思っておいたほうがいいですか。

F：1　浴室に窓ですか。いいですね。
　　2　並大抵の努力ではできないことですよね。
　　3　当初の予算を大幅に超えてしまいますので……。

- -

7番　🎧MP3 N1-1-31　　　　　　　　　　　　　　答え：2

M：恐れ入りますが、上野社長はいらっしゃいますか。

F：1　お気の毒ですが、上野はただいま席を外しております。
　　2　申し訳ございません。社長はあいにく留守にしております。
　　3　かしこまりました。社長さんにおつなぎします。

- -

8番 🎧 MP3 N1-1-32　　　　　　　　　　　　　　　　　　　[答え：**3**]

F：田中君、これ、バレンタインチョコなんだけど野球部の二階堂先輩に渡してくれない？

M：1　ありがとう。喜んで渡しておくよ。
　　2　思い切って自白してみたら？
　　3　何だよ、俺にじゃないの？

· ·

9番 🎧 MP3 N1-1-33　　　　　　　　　　　　　　　　　　　[答え：**2**]

F：つらい思いをさせたくなかっただなんて。そんなの、あなたの勝手な言い訳に過ぎないわよ。

M：1　ごめん、君がそんなにつらかったとは知らなかったよ。
　　2　言い訳じゃないんだ。本気でそう思ってる。
　　3　いや、つらいとは思ってないよ。誤解しないで。

· ·

10番 🎧 MP3 N1-1-34　　　　　　　　　　　　　　　　　　[答え：**1**]

M：この試合、ひょっとすると勝てるかもしれないぞ。

F：1　ここが勝負どころですね。
　　2　もはや手も足も出ませんね。
　　3　甘い夢を見たいですね。

· ·

11番 🎧 MP3 N1-1-35　　　　　　　　　　　　　　　　　　[答え：**3**]

F：そんな、へこんでる場合？　次の試合は目前だよ。

F：1　えっ、試合が中止になったの？
　　2　うん、緊張しちゃったね。
　　3　そうだね、練習あるのみだね。

問題5

1番　🎧 MP3　N1-1-37　　　　　　　　　　　　［答え：2］

会社で女の人と外国人の社員が話しています。

F：パクさんは登山が趣味ですよね？　日本の山はどうですか。いろいろ行きましたか。

M：はい。時間ができると、あちこち行ってますよ。この間からは日本百名山に挑戦中
　　です。

F：それはすごい、本格的ですね。日本の山と韓国の山は、何か違いがありますか。

M：そうですね。日本の山は2,000メートル、3,000メートル級の山がたくさんあって、
　　韓国よりも高い山が多いですね。韓国で一番高い山は1,900メートルなんです。

F：へえ、知りませんでした。

M：山小屋もね、韓国では売店でカップラーメンと水を売っているくらいですが、日本で
　　は食堂があるでしょう？　それがいいですね。

F：韓国だと食料を持って山に登らないとだめなんですか。

M：山小屋に泊まる場合は、コンロや鍋も持っていかないと温かいものが食べられませ
　　ん。だから日本より標高は低くても荷物が多いから、韓国の登山のほうがつらいよう
　　な気がします。

F：本当ですね。それは大変だ。私だったら韓国での登山は難しいと思います。ところで、
　　百名山のうち、どれくらい登ったんですか。印象に残っている山はありますか。

M：ようやく5か所ほど行ったところで、まだそんなに登ってないんですよ。最近行った
　　福島県の安達太良山が良かったです。ロープウェイを使ったので、降りてから山頂ま
　　で1時間半くらいで行けました。全部で4時間半くらいのコースでした。

F：いいな。私も行ってみたいです。安達太良山といえば、高村光太郎の詩に出てきて有
　　名です。

M：そうですね。天気が良くて、とてもきれいな空が見えましたよ。

男の人は、日本の登山にはどんな特徴があると言っていますか。

1　山頂までロープウェイが使える
2　山小屋に食堂がある
3　売店でラーメンを売っている
4　標高が2,000メートルに満たない

高校3年生の学級委員たちが文化祭の出し物について話をしています。

M ：文化祭にクラスで何をするか決めなくちゃいけないんだけど、まず、事前に取った
　　クラス全員のアンケート結果を発表するね。1位は「カフェ・売店」でした。スイー
　　ツやお菓子、焼きそば、お好み焼き、あとはもっとお腹にたまるご飯系などなど。
　　そして2番目に人気があったのは、「ダンス」でした。今年はK-POPが流行したか
　　らかっこいいダンスを踊りたい、SNSに上げたいという意見が多かったです。

F1：私はダンスに賛成です。全員で同じものを踊るんじゃなくて、いくつかのグループ
　　に分かれて、それぞれ好きなジャンルのダンスを踊るの。私はハードなダンスをや
　　るつもりだけど、ダンスが苦手な子たちは盆踊りみたいな日本の伝統的な踊りをや
　　るグループになればいいと思う。そうすれば、お客さんもいろんなダンスを見られ
　　て楽しめると思うんだ。

M ：ダンスって難しいイメージがあるけど、その方法ならみんなが楽しめるかもしれな
　　いね。

F2：隣のクラスは演劇をやるそうよ。去年やった劇も素晴らしかったけど、今年は脚本
　　から衣装まで、すべて手作りのオリジナル作品にするらしいわ。

M ：へえ、そうなんだ。僕は個人的には、最近話題の「脱出ゲーム」も面白そうだなっ
　　て思ってる。みんなで問題を作って、お客さんがそのクイズを制限時間内に一生懸
　　命解くんだ。うちのクラスの上田君、クイズが大好きだろ？　彼を中心に結構立派
　　なものができそうじゃないかな。

F1：それって、クイズの問題をみんなでたくさん作るってことだよね？　何か、もっと
　　こう……、みんなで心を一つにしてステージに立つ、みたいなのがいいな、私は。

M ：高校生活最後の文化祭だからさ、とにかく悔いのないようにしたいよね。

F2：ねえねえ、どれも面白そうなんだけど、私はやっぱり多数決で決めるべきだと思う。
　　でないと、せっかくアンケートを取った意味がないんじゃない？

M ：あっ、確かにそうかも。

F1：そっか、まあそうだね。ああ、でも、考えるだけで楽しみだな。文化祭が終わった
　　ら、あとは受験勉強の毎日だもん。その前に、みんなで思いっきり楽しもうね。

このクラスは文化祭で何をしますか。

1　食べ物を売る
2　劇をする
3　ダンスをする
4　脱出ゲーム

3番 🎧MP3 N1-1-40

日本語学校の事務スタッフの話を聞いて、留学生が話しています。

F1：これからアルバイトをしようと思っている方がいると思いますが、学生ビザは就業時間が指定されています。また、アルバイトは資格外活動になりますので、必ず資格外活動許可をもらってから始めるようにしてください。もちろんアルバイト先でも確認はされると思いますが、雇用する側が不慣れな場合もありますし、次のビザの申請にも関わるので、注意してくださいね。学生ビザで働けない業種もあるので、そこも確認するように。また、ビザの期限については、必ず自分で管理してください。クラス担任も気を付けるようにはしていますが、学生数が多いので、個別の確認が間に合わない場合もあります。

M：昨日、アルバイトの面接に行ってきたんだけど、放課後毎日働けるか聞かれて、毎日働けますって言っちゃったよ。会社の人、特に何も言ってなかったけど、もしかして外国人を雇うの初めてなのかな？

F2：そうかもしれないよ。ダニエルさん、日本語上手だし、旅行客相手の英語の仕事も任せられるし、たくさん働いてほしいって会社の人が思ったんだろうね。働き始める前にちゃんと確認したほうがいいかもね。

M：うん、そうだね。スーラさんは、アルバイトはする予定あるの？

F2：私は、日本の大学院に入りたいと思っているから、今はアルバイトよりも勉強かな。本もたくさん読みたいし、お金がないのはつらいけど、いい成績取ったら奨学金ももらえるし。お金だけ稼いで合格できなかったら、日本に留学した意味がないわ。

M：そっか。僕は、アルバイトは社会勉強になるし、日本人と交流するきっかけにもなると思ってるよ。

F2：それは私もそう。私も大学院に合格したら、アルバイトするつもりよ。ダニエルさんは就職希望だもんね。

M：うん。将来、日本のホテルに就職したいと思っているから、アルバイトの経験を通して、いろんなことを学んでおきたいんだ。

質問1 女の人の留学の目的は何ですか。 答え：**3**

質問2 男の人はこのあとどうしますか。 答え：**1**

だい　　　かい
第2回

こた
答え

&

ちょうかい
聴解
スクリプト

言語知識(文字・語彙・文法)・読解

げんご ち しき も じ ご い ぶんぽう どっかい

問題1
→ P.03

1	2	3	4	5	6
4	1	3	4	4	1

問題2
→ P.04

7	8	9	10	11	12	13
2	3	3	3	3	1	3

問題3
→ P.05

14	15	16	17	18	19
3	2	4	2	1	3

問題4
→ P.06

20	21	22	23	24	25
3	4	2	1	1	4

問題5
→ P.08

26	27	28	29	30	31	32	33	34	35
4	4	4	2	2	4	1	3	2	3

問題6
→ P.10

36	37	38	39	40
3	2	1	4	3

問題7
→ P.12

41	42	43	44	45
1	4	2	2	4

問題8
→ P.14

46	47	48	49
1	3	3	3

問題9
→ P.18

50	51	52	53	54	55	56	57	58
1	2	2	2	2	3	1	2	3

問題10
→ P.24

59	60	61	62
1	4	3	2

問題11
→ P.26

63	64
2	2

問題12
→ P.28

65	66	67	68
2	1	4	3

問題13
→ P.30

69	70
3	4

ちょうかい
聴解

問題1
→ P.35

例	1	2	3	4	5
4	3	2	3	1	2

問題2
→ P.39

例	1	2	3	4	5	6
3	1	2	4	3	1	3

問題3
→ P.44

例	1	2	3	4	5
3	4	3	4	4	2

問題4
→ P.45

例	1	2	3	4	5	6	7	8	9
2	3	3	1	2	1	3	3	2	2

10	11
3	3

問題5
→ P.46

1	2	3(1)	3(2)
2	1	2	4

模擬試験 採点表

模擬試験の結果を書いて、点数を計算してみましょう。

※ JLPT N1に合格するためには、下の採点表の**A**、**B**、**C**それぞれが19点以上、総合得点が100点以上必要です。

第2回

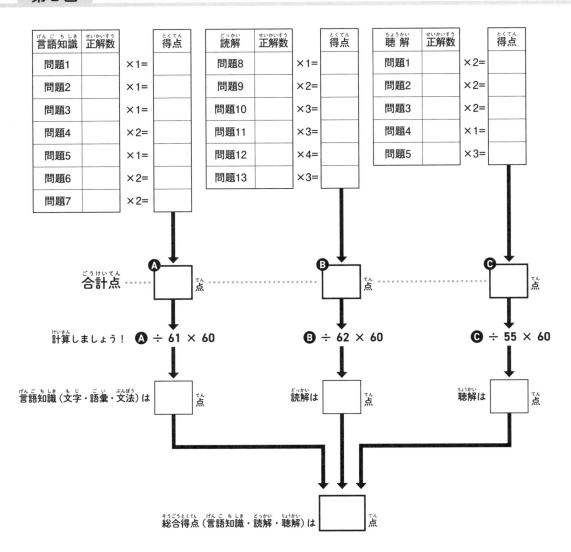

言語知識	正解数		得点
問題1		×1=	
問題2		×1=	
問題3		×1=	
問題4		×2=	
問題5		×1=	
問題6		×2=	
問題7		×2=	

読解	正解数		得点
問題8		×1=	
問題9		×2=	
問題10		×3=	
問題11		×3=	
問題12		×4=	
問題13		×3=	

聴解	正解数		得点
問題1		×2=	
問題2		×2=	
問題3		×2=	
問題4		×1=	
問題5		×3=	

合計点 ······ **A** [ ] 点 ······ **B** [ ] 点 ······ **C** [ ] 点

計算しましょう！ **A** ÷ 61 × 60　　**B** ÷ 62 × 60　　**C** ÷ 55 × 60

言語知識（文字・語彙・文法）は [ ] 点　　読解は [ ] 点　　聴解は [ ] 点

総合得点（言語知識・読解・聴解）は [ ] 点

※この採点表の配点は、「JLPT リアル模試」独自のものです。

50

聴解スクリプト

（M：男性　F：女性）

問題1 ────────────────

例　🎧MP3 N1-2-02

［答え：**4**］

男の人と女の人が話しています。女の人はこれから何をしますか。

M：なあ、篤史と恵美が結婚するって聞いた？

F：うん。3月に入籍するんだってね。おめでたいね。

M：そうだよな。昔からの友達が結婚するって、感慨深いな。

F：ほんとほんと。幼なじみの二人が付き合い始めた時は、こうなるといいなって何となくは思ってたけど、ついにその日が来るとはね。

M：うん。でさ、結婚式にはもちろん行くけど、仲間内でお祝いのプレゼントを贈らないか。

F：あ、そうだね。みんなである程度出し合ったら、結構いい物をあげられそう。

M：食器だとかタオルはたくさんもらうだろうし、何がいいかな。

F：ちょっとした家電がいいと思うな。うーん、例えば加湿器とか、スタンドライトとか。家に二つあっても使えるもので。

M：なるほど、家電か。最近はおしゃれなものも多いし、良さそうだな。

F：じゃ、最近の売れ筋が何なのか見てみるね。

M：うん、俺はとりあえず、他のメンバーに声をかけるよ。

女の人はこれから何をしますか。

・・

1番　🎧MP3 N1-2-03

［答え：**3**］

電話で女の人と男の人が話しています。女の人はこれから何をしますか。

F：もしもし、修理サービスセンターですか。パソコンに不具合があるんですけど……。

M：いつもご利用いただきありがとうございます。ご不便をおかけし、申し訳ございません。具体的に、どういった不具合でしょうか。

F：インターネットにつながらないんです。他のパソコンはちゃんとつながるので、うちの回線に問題はないみたいなんですが……。

M：そうですか。パソコンの再起動はお試しになりましたか。

F：はい。でも、だめでした。他にもいろいろ調べてやってみたんですけど、なかなかつ

ながらなくて、お手上げ状態なんです。

M：でしたら、精密な検査が必要ですね。修理サービスセンターにご訪問いただくか、弊社の担当者がお客様のご自宅を訪問させていただくことになりますが……。

F：パソコンが結構重いので、来てもらえると助かります。

M：そうしましたら、お客様、スマートフォンはお持ちでしょうか。

F：はい。

M：では、スマートフォンで当社のサイトにアクセスして、「サポート予約」のページにてご予約いただけますか。

F：え？ この電話では予約できないんですか。

M：いえ、可能なんですが、お客様が直接入力されるほうが、手続きが短時間で済みます。予約はデータベースで一括管理しているため、私どももお客様と同じ手順で入力することになるんです。つまり、お客様の情報を一つ一つ、お聞きする形になってしまいますので……。

F：ああ、そうですか。わかりました。ありがとうございます。

女の人はこれから何をしますか。

・・・

2番 🎧 MP3 N1-2-04　　　　　　　　　　　　　[答え：2]

男の学生と女の学生が話しています。男の学生はこれから何をしますか。

M：昨日、下の階の住人に、足音がうるさいって苦情を言われたよ。

F：足音って自分は気にならなくても、意外と響くものだからね。床にカーペットを敷いたら少しは防音できるんじゃない？ うちもカーペットを敷いてるんだけど、厚手のカーペットだったら物を落としてもあんまり響かないよ。

M：今月は金欠なんだけどな……。でもまあ、しょうがないか。実は苦情を言われたのは今回が2回目でさ。前は夜遅くまで友達とお酒を飲んで騒いでたんだ。でも、それから家に友達を呼ばないようにしてたんだけど……。まさか、違う理由でまた苦情が来るなんて、気が滅入るよ。

F：下の階の人が少し神経質になってるのかもね。また何か言われたら管理人に相談してみなよ。トラブルが起きるといけないから。

M：うん、そうする。でも最初に苦情が来た時から、いろいろ工夫してきたつもりなんだけどな。音楽はいつもイヤホンで聞いてるし、ドアも音を立てないように開け閉めしてるし。何だか面倒くさいな。

F：まあ、まあ。これも一つの経験だよ。

男の学生はこれから何をしますか。

・・・

3番 🎧 MP3 N1-2-05 　　　　　　　　　　　　［答え：**3**］

会社で女の人と男の人が料理について話しています。男の人はこれから何をしますか。

F：最近、料理が趣味になったんだ。今まで作ったことのない外国の料理にも挑戦してるの。

M：へえ。僕も料理は嫌いじゃないんだけど、洗い物が面倒だからついつい出前を頼んでしまうんだよね。一人暮らしを始めたばかりだから、あるのは電子レンジと包丁くらいで、料理道具も何もないし。

F：電子レンジでパスタも茹でられるって知ってた？　簡単に作れる料理はたくさんあるよ。

M：へえ、電子レンジでパスタを？

F：出前ばかり頼んでたら、食費が大変でしょう？　料理の本を貸してあげるから自炊したら？　週末だけでも自炊したら、出前を頼むより食費が抑えられるはずよ。

M：そうだね。本を見てやってみるよ。

男の人はこれから何をしますか。

- -

4番 🎧 MP3 N1-2-06 　　　　　　　　　　　　［答え：**1**］

男の学生と女の学生が卒業パーティーについて話しています。男の学生はまず何をしますか。

M：そろそろ卒業パーティーの会場を予約しないといけないよね。まだ参加人数を把握できていないから、ひとまず参加の意思を今日中にでもみんなに聞いておくよ。

F：ありがとう。そういえば、ゆみちゃんがピーナツアレルギーなの知ってた？　他にもそういう人がいると思うから、パーティーで出てくる食事に気をつけないとだね。

M：そうだね。予約する時に伝えることとしてメモしておくよ。

F：ねえ、せっかくだから、ドレスコードを決めない？　大学のシンボルカラーはえんじ色でしょう？　それを服のどこかに取り入れるとかさ。

M：楽しそうだね。集合写真を撮った時に一体感が生まれていいかもね。

F：じゃあ、アレルギーとかドレスコードとか細かい話は参加する人たちが決まったら相談しよう。後でメールで伝えられるようにまとめておくね。あ、会場代と食事代はいつ集めようか。

M：それは当日でも大丈夫だよ。いろいろありがとう。

男の学生はまず何をしますか。

- -

5番 🎧 MP3 N1-2-07　　　　　　　　　　　　　　　　　[答え：2]

電話で女の人と男の人がトイレの修理について話しています。男の人はこれから何をしなければなりませんか。

F：お電話ありがとうございます。水のトラブル解決、ウォーターレスキューです。

M：すみません、トイレの水が流れなくなってしまったんです。水を流すレバーを何度回してみても、ぜんぜん流れないんです。今日中だったら、いつでも大丈夫です。できたら、なるべく早めでお願いしたいのですが。

F：確認させていただきたいのですが、タンクの中に水はたまっていますか。それと、便器は詰まっていませんか。

M：えっと、ちょっと待ってくださいね。少ししかたまってないです。便器は詰まっていないと思うんですけど。

F：そうですか。タンク内の部品が故障している可能性があります。本日の13時に伺いますので、担当の者が来るまで水を入れたり、手を加えないようお願いいたします。

M：わかりました。お待ちしています。

男の人はこれから何をしなければなりませんか。

問題2 ────────────────────────────

例 🎧 MP3 N1-2-09　　　　　　　　　　　　　　　　　[答え：3]

ラジオで社会学の専門家がシェアハウスについて話しています。専門家はシェアハウス暮らしでは、どんなことが大切だと言っていますか。

M：シェアハウスで耳にする雑多な音を、単なる騒音と感じるのか、安心感と捉えられるのか、これだけをとってみても、ご自身がシェアハウス向きかどうかがわかると思います。シェアハウスのメリットは、さまざまな経験や価値観を持つ人と出会うこと、そして「誰かがいる」という安心感なのです。デメリットはもちろんあります。共用スペースを複数人で使うため、設備を好きな時間に使えない場合もあれば、どうしても関係性が良くないハウスメイトもいるでしょう。シェアハウスでは、異なる価値観を認めることが必要です。理解までは難しいかもしれませんが、そんな考えがあると知るだけで、人は柔軟になれるものです。否定から入ると壁ができてしまい、話し合うことすらできなくなります。トラブルは防ごうとしても起こりますし、未然に防ぐのは至難の業です。ルールを守らない人や、規則に無関心な人をルールづくりに参加させることも重要です。そういったシェアハウスでの経験は、その先の将来、誰かと暮らすことに対して、肯定的な作用を及ぼすでしょう。

専門家はシェアハウス暮らしでは、どんなことが大切だと言っていますか。

....

1番 🎧MP3 N1-2-10　　　　　　　　　　　　　　[答え：**1**]

女の人と男の人が話しています。男の人は、どんな点がオーケストラ公演の魅力だと言っていますか。

F：すごく熱心に見てるね。何見てるの？

M：公演のチラシだよ。チケットを買おうと思ってるんだ。ずっと前から気になってた公演でね。

F：そうなんだ。何の公演？

M：オーケストラなんだけど、クラシック音楽じゃなくて、最近流行ってる曲を演奏するんだ。

F：へえー。そんなの初めて聞いた。最近はオーケストラにも変わった公演があるんだね。なんだか面白そう。

M：うん。他にも、映画やゲームのサントラだけを演奏する公演なんかもあるよ。耳慣れた曲でもオーケストラの演奏で聴くと、全然印象が違うんだ。すごくいいよ。

F：オーケストラの公演なら、私も一度だけ行ったことあるけど、音の響きがすごくて圧倒されちゃったわ。

M：普段何気なく聞いていた音楽も、オーケストラの手にかかると壮大でダイナミックで、ほんと感動しちゃうよね。

男の人は、どんな点がオーケストラ公演の魅力だと言っていますか。

....

2番 🎧MP3 N1-2-11　　　　　　　　　　　　　　[答え：**2**]

会社で女の人と男の人が話しています。男の人が加湿器を買う目的は何ですか。

F：最近ほんと寒い日が続いてるわね。今日もずいぶん冷え込んでるし……。

M：うん。寒いだけならまだしも、空気が乾いているのが気になるよ。外も室内も乾燥しているせいか、過ごしづらくてさ。

F：特に室内は暖房をつける分だけ、さらに乾燥するからね。ほら、このオフィスもエアコン暖房が常にフル稼働してるでしょ？　風邪をひきやすくなるから気をつけないと……。

M：そうだよね。実は、今朝から少し喉が痛むんだ。

F：あらら。加湿器は？　自宅では加湿器、使ってないの？

M：梅雨のじめじめした時期に使う除湿器はあるんだけど、加湿器か……。考えてもみなかったな。でも、効果あるの？

F：うん、もちろん。湿度って結構、体調に影響するのよ。加湿器があるだけで、空気が

潤って、乾燥がだいぶやわらぐわよ。寝ている間につけておくのが一番効果的だと思うな。

M：そうなんだ。さっそく買うことにするよ。

....

男の人が加湿器を買う目的は何ですか。

....

3番 🎧 MP3 N1-2-12　　　　　　　　　　　　　　　　　　　　　[答え：**4**]

大学の教室で男の学生と女の学生が話しています。女の学生が外資系の会社に就職したい一番の理由は何ですか。

M：最近、サークルの先輩たちは、みんな就活で忙しそうだよね。僕たちも来年には就職のこと、真剣に考えないとね。

F：そうだね。でも、どんな会社に就職したいかってことは私、大学に入った時から考えてるよ。

M：えっ、そうなの？　ユキさん、すごいな。ちなみにどんな会社に就職したいの？

F：英語を生かせる外資系の企業を志望してる。

M：外資系か。例えば、どんなジャンルの会社？　外資系にもいろんな業界があるじゃん。貿易だとか、金融業界だとか。

F：私、経営コンサルティング会社に入って、コンサルタントになりたいの。

M：ほお、コンサルタント……。よく耳にはするけど、実際のところ何をする仕事なんだろう。

F：コンサルタントっていうのは、簡単に説明すると、企業の課題を明らかにして、課題解決をお手伝いしてあげる人のことよ。多様な業種の人と関わることができるから、広い知識を身に付けられるし、仲のいい先輩でコンサルティング会社に勤めてる人がいてね、仕事にとてもやりがいを感じるって言ってたんだ。

M：ああ、だから経営学専攻なんだ。ユキさんに合ってそうだね。だけどさ、英語が生かせる会社なんて日本の企業でも探せばいくらでもありそうじゃない？

F：そうなんだけど、日本の企業は社員に協調性を求めるでしょ。かたや外資系は、社員一人一人の役割が明確にされているわ。私が一番惹かれているのは、外資系のそういう「個人」を重んじるところなんだ。

M：そっか。ユキさんを見習って、そろそろ本気で就職について考えなきゃな。

....

女の学生が外資系の会社に就職したい一番の理由は何ですか。

....

4番 🎧 MP3 N1-2-13

大学で女の学生と男の学生が話しています。男の学生は何を心配していますか。

F：こうたさん、昨日のITパスポート試験どうだった？

M：無事に終わったよ。でも結果はわからない。神のみぞ知るだね。あーあ。

F：まあ試験も終わったことだし、ぱあっと遊びに行かない？

M：いいね。ずっと勉強ばっかりしてたから、久々にお酒でも飲みたいな。

F：お酒が強くないこうたさんが飲みたいだなんて、珍しいね。じゃあ、天神駅においしい居酒屋があるから、そこに行こうよ。

M：今から天神駅まで行くの？ そうすると家まで電車で1時間かかるんだよね。終電を気にしながら飲まないといけないから別のところにしない？ 前に酔っぱらって電車を逃しちゃってさ。母さんにすごく怒られたんだよね。

F：まだ5時だよ？ お酒弱いんだから、たくさん飲まなきゃいいのよ。さっ、行こ行こ。

M：もう、わかったよ。

男の学生は何を心配していますか。

5番 🎧 MP3 N1-2-14

社内勉強会で男の人が発表しています。男の人は仕事をうまく進めるにあたり、どんな方法が良いと言っていますか。

M：新入社員2名が、今日から勉強会に加わることになりました。2人を歓迎する意味を込めて、本日の発表は、私から始めてまいります。えー、テーマは仕事の進め方についてです。私は、仕事を円滑に進めていくためには、「やることリストで優先順位をつけると良い」と考えています。理由は二つあります。一つ目は、私が入社3年目の時に先輩社員から頂いた助言です。先輩は会社から帰宅する前に、必ず翌日のスケジュールを紙に書き出し、頭の中を整理しているようでした。私が複数の業務の進行について相談すると「頭の中だけで考えるより、紙に書き出すといいよ」とアドバイスしてくれました。二つ目は、「業務を緊急性と重要性で分けて優先順位の高いものから取り組むと良い」と本で読んだからです。実践してみたところ、何から手を付けて良いのかわからないことが無くなりました。ぜひですね、皆さんも「やることリストで優先順位」、これを習慣にしてみてください。以上です。ありがとうございました。

男の人は仕事をうまく進めるにあたり、どんな方法が良いと言っていますか。

6番 🎧 MP3 N1-2-15　　　　　　　　　　　　　　　　　　　[答え：**3**]

高校生の男の子と女の子がインフルエンザについて話しています。男の子は何が嫌だと言っていますか。

M：昨日さ、病院でインフルエンザの予防接種を受けたんだけど、注射を打ったところが痛くて、まだ腕が上がらないんだ。あいたたたたたっ……。

F：ああ、私、注射大っ嫌い、痛いよね。

M：うん。でも点滴と違って一瞬だしさ、我慢はできるよね。問題は、毎年予防接種しても結局インフルエンザにかかってるってことだよ。「絶対かかるもんか！」と思って注射打ってるのに……。

F：たまにそういう人いるって聞いたけど、三上君がそうだとは……。でもほら、予防接種をしてるから軽症で済んでるのかも。

M：うーん、そうかなぁ……。毎年、粉薬もらうんだけどさ、昔から粉がどうも苦手で。喉に引っかかるんだよね。

F：そうなんだ。私は、薬は粉でも錠剤でも平気だけど、注射がだめだからインフルエンザの予防接種は打ってないんだ。でも、かかったことないよ。

M：なんか皮肉だよな。打った人がかかって、打たない人がかからないなんて。

F：今年は予防接種の効果、ちゃんと出るといいね。

男の子は何が嫌だと言っていますか。

問題3 ————————————————————————————

例 🎧 MP3 N1-2-17　　　　　　　　　　　　　　　　　　　[答え：**3**]

テレビで男の人が話しています。

M：コーヒーを入れた後に出る残りかすにはさまざまな利用方法があることが、注目されています。ご存じでしたか。コーヒーのかすは日光でよく乾燥させた後、冷蔵庫や靴箱など、臭いの気になるところに置いておくと、消臭効果が期待できます。また新聞紙に包んで靴の中に入れておくと消臭だけでなく、除湿効果があります。他には、コーヒーかすを観葉植物の土に混ぜることによって、通気性が改善され、植物の育成にも効果があるといわれています。捨ててしまえばそれで終わってしまうコーヒーかすも、いろんな場面で再利用することができます。コーヒーを楽しんだ後は、コーヒーかすを再利用してみてください。

男の人は何について伝えていますか。

1　コーヒーのおいしい飲み方
2　コーヒーの新しい楽しみ方
3　コーヒーの残りかすの活用法
4　コーヒーの残りかすの捨て方

- -

1番　🎧MP3 N1-2-18　　　　　　　　　　　　［答え：**4**］

テレビで女の人が話しています。

F：舞浜水族館は、約半年間の改修工事を終えて、本日から営業を再開しました。施設の老朽化に伴う工事でしたが、これまでにお客様から寄せられた意見もこの機会に取り入れて、新しい体験ができる水族館となりました。その中で特におすすめしたいブースは、クラゲの水槽です。新しいクラゲの水槽はトンネル型になっていて、10種類以上のクラゲを180度見渡せます。さらに、水槽の照明をタッチパネルで自由に変えることができるので、お気に入りの色で幻想的な雰囲気をお楽しみいただけます。他にもお客様参加型のさまざまなブースをご用意しておりますので、ぜひ、舞浜水族館にご来場ください。

女の人は何について話していますか。

1　改修前の水族館の特徴
2　水族館の改修時期
3　改修に対する客からの指摘
4　改修後の水族館の設備

- -

2番　🎧MP3 N1-2-19　　　　　　　　　　　　［答え：**3**］

ラジオで女の人が話しています。

F：皆さんは恋人とデートの時、お会計はどうしていますか。20代から30代の男女にデートの支払いに関するアンケートをとった結果、約半数の男性が「全額支払いたい」、または「女性より多く支払いたい」と回答しました。それに対し「全額おごられたい」という女性はわずか20%。女性の半数は「割り勘がいい」と回答しました。「割り勘がいい」と答えた女性の理由の多くは、「平等でいたい」、「相手に気を使わせたくない」などでした。一方、男性も「割り勘をしてくれたらありがたい」と本音をちらつかせる意見もありました。今や、デートは割り勘が当然と考える人が多くを占める時

代ですね。どちらが支払うか、頭を悩ませるのではなく、自分たちはどうしたいのかをカップルで話し合うことが大切になってくると思います。

女の人は何について話していますか。

1 デートの場所の決め方
2 デートの会計方法の決め方
3 デートの会計に対する男女の意見
4 お互いの印象に対する男女の意見

- -

3番 🎧 MP3 N1-2-20　　　　　　　　　　　　　　　［答え：**4**］

テレビの健康番組で男の人が話しています。

M：目の疲れやかゆみに効果がある目薬は、身近で欠かせない薬の一つです。しかし、正しく利用できている人は多くありません。目薬は涙と混ざりながら結膜にある袋にたまり、角膜を通じて吸収されます。ところが、点眼された目薬の量が多過ぎると、顔のほうに流れたり、鼻や口、喉へ入ってしまいます。そして、顔についた目薬が皮膚の刺激になったり、口に入った目薬がいつも飲んでいる薬と混ざり合って別の作用を引き起こす場合もあります。普通、目薬の量は片目に1滴ずつが標準です。症状によっては異なりますので、説明書を読むようにしましょう。また、目薬をさす前は手をよく洗ってください。

男の人は何について話していますか。

1 目薬の副作用
2 新しい目薬の宣伝
3 目薬で改善する症状
4 目薬を使う時の注意点

- -

4番 🎧 MP3 N1-2-21　　　　　　　　　　　　　　　［答え：**4**］

防災教室で消防士が話しています。

M：日本は世界的に見ても地震が多い国として有名です。地球の表面は数十枚のプレートで覆われており、このプレートが1年間に数センチずつ移動します。移動するプレート同士がぶつかることによって、地震や津波が起きます。日本列島は、ちょうど四つのプレートが集まる位置にあり、これほど多くのプレート上に位置している国は

他にありません。そのため、地震が起きやすいのです。こうした国土で暮らしていることを理解した上で、地震が起きた際に身を守る行動ができるよう、日頃から訓練しておくことが大切です。今後も大規模地震が起きるであろうと予測されています。市町村では定期的に防災訓練を行っていますし、訓練に参加することが難しい方も、気象庁のホームページから簡単に訓練動画を見ることができます。ぜひ普段から積極的に防災への関心を持つようお願いします。

消防士は何について話していますか。

１　日本の地震の可能性
２　日本の国土の重要性
３　日常生活の積極性
４　防災訓練の重要性

. . . .

5番 🎧 MP3 N1-2-22　　　　　　　　　　　[答え：2]

留学説明会で男の人が話しています。

M：私が留学したいと思ったのは高校生の時でした。ですが、具体的に行動に移して、その夢を実現させるきっかけがありませんでした。そのまま大学に進学し、卒業し、就職しましたが、会社員になってからも留学の夢を諦めることができずにいました。必ず留学するぞと決心したのは25歳の時です。1年かけて準備をしました。その頃は、日常会話を話せるようになるための留学ではなく、ビジネスで通用する語学を身に付けることが目的となっていました。留学中に最大限、英語力を向上させるためには、準備期間の1年の間、どんなふうに勉強を進め、いかに語学の基礎力を高めておくかが重要でした。エージェントの方々から多くのアドバイスを頂き、計画表の通りに、しっかりと準備ができたと思います。そして26歳になり、2年間の留学に旅立ちまして、今現在、ドイツ系企業の日本法人に就職して、充実した毎日を送っています。

男の人は何について話していますか。

１　留学の夢を諦めない理由
２　綿密に留学準備をする重要性
３　留学する夢を持った契機
４　留学斡旋会社の賢い活用法

問題4

例 🎧 MP3 N1-2-24　　　　　　　　　　　　　[答え：**2**]

M：断りたいんですけど、どう言ったら角が立たずに済むでしょうか。

F：1　こうしている間に早く言ってしまいましょう。
　　2　予定があることと残念な気持ちを上手に伝えたらいいかと思います。
　　3　平和に解決できてよかったです。

1番 🎧 MP3 N1-2-25　　　　　　　　　　　　[答え：**3**]

F：もういい大人なんだから、毎晩飲み歩いてばっかりいないの！

M：1　大人はいいよね、自由で。
　　2　たまには走っていくよ。
　　3　また小言かよ。

2番 🎧 MP3 N1-2-26　　　　　　　　　　　　[答え：**3**]

M：転んだ瞬間は痛いの何のって、骨が折れたんじゃないかと思ったよ。

F：1　子どもの運動会で骨折する人、本当にいるのね。
　　2　お医者さんが、骨折が治るには2～3か月かかるって。
　　3　大したことなくて良かったけど、ほんと気を付けてよ。

3番 🎧 MP3 N1-2-27　　　　　　　　　　　　[答え：**1**]

F：頑張って勉強しているんですけど、成績の伸びが今ひとつなんですよ……。

M：1　ちょっと勉強の仕方を変えてみたらどうかな。
　　2　いや本当、結果として表れてよかったね。
　　3　やっぱり勉強を頑張らなきゃいけない時期なんだよ。

4番 🎧 MP3 N1-2-28　　　　　　　　　　　　[答え：**2**]

F：佐藤さん、今度のボーナスの使い道、今からもう考えてある？

M：1　どの道で行こうか迷っているところだよ。
　　2　貯蓄かな。あればあるだけ使っちゃうからさ。
　　3　とっくに使い果たしたよ。

. . . .

5番　🎧 MP3 N1-2-29

答え：**1**

M：まさか木村さんがこんな近くに住んでいたなんて。

F：1　私もびっくりしましたよ。世の中狭いですよね。
　　2　どうにか近づこうとしたんですけどね。
　　3　こういうこともあるかと住んでいたんです。

. . . .

6番　🎧 MP3 N1-2-30

答え：**3**

M：お忙しい中恐れ入りますが、お越しいただくことは可能でしょうか。

F：1　そんな、遠慮なさらないで、どうぞおいでください。
　　2　いつでも構いませんよ。お待ちしています。
　　3　ええ、構いません。日時をご指定ください。

. . . .

7番　🎧 MP3 N1-2-31

答え：**3**

F：禁煙となっておりますので、店内での喫煙はご遠慮いただけますか。

M：1　そうでしたか。たばこはどこにあるんでしょうか。
　　2　はい、結構ですよ。
　　3　ああ、すみません。

. . . .

8番　🎧 MP3 N1-2-32

答え：**2**

M：さっきのプレゼン、説明が少し大雑把すぎたかな？

F：1　そうね、簡単すぎてわかりやすかったと思う。
　　2　伝わったとは思うけど、省略しすぎた感は無きにしもあらずね。
　　3　うんうん。この商品、説明が大げさだからね。

. . . .

9番 🎧MP3 N1-2-33

答え：**2**

M：食事？　明日昇進試験だから、今それどころじゃないんだ。

F：1　ところどころ食べておかないと。
　　2　それでも、ご飯は食べないと。
　　3　それはそうと、ご飯は食べなきゃ。

. . . .

10番 🎧MP3 N1-2-34

答え：**3**

M：田中さんが国家試験に受かったそうだよ。

F：1　出費を惜しまない田中さんなら、受かると思ってましたよ。
　　2　寝る時間すら惜しまず頑張っていましたからね。
　　3　寝る間も惜しんで勉強した甲斐がありますね。

. . . .

11番 🎧MP3 N1-2-35

答え：**3**

M：色といい、デザインといい、文句のつけようがないですね。

F：1　どんな点がお気に召しませんでしたか。
　　2　いえ、遠慮なさらずおっしゃってください。
　　3　気に入っていただけて何よりです。

問題5

1番 🎧MP3 N1-2-37

答え：**2**

病院で歯科医と男の人が話しています。

M1：佐藤さんですね？　今日はどうされました？
M2：奥歯に何か挟まったような感じがして、違和感があるんです。それと冷たいものを飲むと少ししみるんです。
F　：はい、じゃあ、口を大きく開けてくださいね。
M1：ああ、奥歯がちょっと欠けてますね。それでその隙間に食べ物が挟まっているんですよ。歯磨きをしてもきれいに取れないから、磨き残しのせいで、歯茎が少し腫れていますね。それと小さな虫歯もあります。
M2：そうなんですか。これからどんな治療を受けることになりますか。

M1：まず、歯石を取り除きます。隙間の磨き残しも含めて、口の中をすっかりきれいにしましょう。虫歯は大したことありませんから、今日治療します。少し削れば大丈夫でしょう。

M2：先生、虫歯の治療は痛いですか。

M1：うーん、多分痛くないと思いますよ。欠けた歯を埋めるのは次回にしますので、今日の治療が終わったら予約をして帰ってください。じゃあ山田さん、まず歯石の除去をお願いしますね。

F ：はい、先生。ところで佐藤さん、デンタルフロスを使ったことはありますか。

M2：デンタルフロス？ 歯の隙間に使う糸ようじのことですか。

F ：はい、そうです。

M2：いえ、ありません。血が出るでしょう？ 怖くて。

F ：では、歯石の除去が終わったら、正しい使い方を説明しますね。

男の人はまず何の治療を受けますか。

1 虫歯を削る
2 歯石を除去する
3 欠けた歯を埋める
4 糸ようじの使い方を習う

・・・

2番 🎧 MP3 N1-2-38 ［答え：1］

会社で女の先輩二人と男の後輩が話しています。

F1：山田くん、何？ まだ仕事残ってるの？

M ：はい。明日の午前中までに田中課長に提出しないといけないんです。

F2：うわぁ大変。田中課長、チェックが細かいからね。しっかり見直しして出さないと突き返されるんだよね。

F1：そうそう。でも、お蔭で私はミスが減ったかな。見落としやすいポイントとかも教えてくれるし、指示が的確だから、逆にストレスはなかったな。

F2：それは言えてる。鈴木課長なんて、ただ「やっといて」だもんね。

M ：僕はいろいろな仕事をやらせてもらえるんで、勉強にもなるし有難いと思ってます。

F1：そうね。それはいいところよね。でも田中課長、ちょっと融通が利かないところもあると思わない？ 自分が決めたルールからはみ出るのを嫌がるところとかさ。

F2：わかる〜。結構あからさまに表情に出すよね。

M ：実はこの仕事も自分なりの方法で一度やってみたんですけど、やり直してって言われたんです。

F1：えー！ それは効率悪すぎだよ。

女の先輩二人は田中課長の何が嫌だと言っていますか。

1　決めた通りにしないと不機嫌なところ
2　仕上がりのチェックが細かいところ
3　指示が的確でないところ
4　たくさんの仕事をやらせるところ

....

3番　🎧 MP3 N1-2-40

会社で女の人と男の人が話しています。

F：冷蔵庫が古くなってきたから、そろそろ買い替えようと思ってるんだけど。いろいろ調べてたら、最近の冷蔵庫ってすごいのよ。

M：そうそう、わかる。うちもこの間、買い替えたばかりなんだよ。

F：ちょっと大きめがいいって言うじゃない？　そしたら、うちは4人家族だから、ものすごく容量が大きくなりそうで驚いたわ。値段も高いし。

M：でも、長く使うものだし、しょっちゅう買い替えるものじゃないからね。容量は大事だよ。うちはね、僕の転勤のせいで引っ越しが多いからさ、扉を開く時に、どちらからでも開けられるタイプにこだわって探したんだ。冷蔵庫の置き場所って限られるじゃない？　前は片側しか開かないタイプで、ものすごく使いづらい時期があったんだよね。

F：へえ、なるほど。転勤族は大変ね。うちの場合は、その辺は考えなくてもいいかも。

M：スマホのアプリに対応してるのもあるよ。レシピ検索もできるし、温度設定もできるんだ。アプリがドアを開閉した回数をチェックして、省エネアドバイスもしてくれる。冷蔵庫は妻に任せてたけど、なんか面白くてさ。結構、アプリを見ちゃうんだよね。

F：ふーん、そういうのうちの夫は苦手だし、私もあんまり関心ないんだよね。

M：僕も最初はそうだったけど、使ってるうちに興味が沸いてきたんだよ。機能は、あるに越したことはないよ。

F：そういうもんかしらね。私は働いてるから、週末にまとめて買い物するでしょ。冷凍室が大きいのじゃないと困るわ。

M：業務用と同じように急速冷凍ができるものもあったよ。冷凍技術の進化ってすごいよね。

F：あと、サイズが大きくなったら電気代がかかるよね。やっぱり小さいのにしようかな……。

M：何言ってんだよ。冷蔵庫にゆとりがあるほうが冷蔵効率がよくて省エネルギーになるんだぞ。それに10年前の製品と比べたら、電気代は年間1万円以上も安くなるっていうデータもあるし。

F：時代は変わって、技術も進歩してるのね。

質問1　男の人が購入時に重視するのは何ですか。

答え：**2**

質問2　女の人が購入時に重視するのは何ですか。

答え：**4**

\ 超実戦的！/
JLPT リアル模試 N1

発行日　　　2023年4月14日（初版）

書名　　　　JLPT リアル模試 N1
著者　　　　AJ オンラインテスト株式会社
編集　　　　株式会社アルク日本語編集部
編集協力　　今野咲恵
翻訳　　　　AJ オンラインテスト株式会社（韓国語）
　　　　　　Do Thi Hoai Thu（ベトナム語）
　　　　　　ロガータ合同会社（英語、中国語）
AD・デザイン　二ノ宮匡（nixinc）
録音・編集　AJ オンラインテスト株式会社、株式会社メディアスタイリスト
ナレーション　AJ オンラインテスト株式会社、菊地信子
DTP　　　　株式会社創樹
印刷・製本　日経印刷株式会社

発行者　　　天野智之
発行所　　　株式会社アルク
　　　　　　〒102-0073　東京都千代田区九段北 4-2-6 市ヶ谷ビル
　　　　　　Website：https://www.alc.co.jp/

地球人ネットワークを創る

アルクのシンボル
「地球人マーク」です。

N1

言語知識（文字・語彙・文法）・読解
（110分）

注　意
Notes

1. 試験が始まるまで、この問題用紙を開けないでください。
    Do not open this question booklet until the test begins.

2. この問題用紙を持って帰ることはできません。
    Do not take this question booklet with you after the test.

3. 受験番号と名前を下の欄に、受験票と同じように書いて
    ください。
    Write your examinee registration number and name clearly in each box below as
    written on your test voucher.

4. この問題用紙は、全部で29ページあります。
    This question booklet has 29 pages.

5. 問題には解答番号の 1 、 2 、 3 … が付いています。
    解答は、解答用紙にある同じ番号のところにマークして
    ください。
    One of the row numbers 1 , 2 , 3 … is given for each question. Mark your
    answer in the same row of the answer sheet.

受験番号　Examinee Registration Number	

名　前　Name	

問題1 ＿＿＿の言葉の読み方として最もよいものを、1・2・3・4から一つ選びなさい。

1 彼の話に耳を傾けた。

1　あずけた　　　　2　さずけた　　　　3　かたむけた　　　4　そむけた

2 紛らわしい言い方はなるべく避けたほうがいい。

1　こならわしい　　2　まぎらわしい　　3　けがらわしい　　4　わずらわしい

3 これから農産物の新しい市場を開拓する予定です。

1　かいちゃく　　　2　かいしゃく　　　3　かいたく　　　　4　かいせき

4 この件に関する私の疑問が全て解消されました。

1　かいしょ　　　　2　かいしょう　　　3　けしょ　　　　　4　けしょう

5 彼は弁護士になるために、寝る間も惜しんで勉学に勤しんでいる。

1　くやしんで　　　2　はげしんで　　　3　あやしんで　　　4　いそしんで

6 食物繊維は健康に欠かせない役割を担っています。

1　せんい　　　　　2　せんえい　　　　3　せんゆ　　　　　4　せんゆう

問題2　（　　　）に入れるのに最もよいものを、1・2・3・4から一つ選びなさい。

7 この時計には（　　　）がありまして、定刻になると歌が流れます。　　👑👑👑
1 しわざ　　　　2 しにせ　　　　3 しつけ　　　　4 しかけ

8 最近ドラマに熱中するあまり、勉強が（　　　）になってしまいました。　👑👑👑
1 おろそか　　　2 おごそか　　　3 なめらか　　　4 なだらか

9 消費者のニーズを（　　　）ためには、もう少し価格の検討をしなければならない。
👑👑👑
1 満たす　　　　2 急かす　　　　3 設ける　　　　4 授ける

10 冬の旅行は、洋服が（　　　）荷物が増える。　　👑👑👑
1 かせいで　　　2 かさばって　　3 かすんで　　　4 かぶれて

11 待ち望んでいた遠足は雨のせいで（　　　）になりました。　👑👑👑
1 台無し　　　　2 不適切　　　　3 でたらめ　　　4 うつろ

12 日々の練習を（　　　）いい結果が出せないのは当たり前のことだ。　👑👑👑
1 かばっていれば　　　　　　　2 おかしていれば
3 おこたっていれば　　　　　　4 かたよっていれば

13 友達の様子を見ると、彼のことは（　　　）嫌いでもないようだ。　👑👑👑
1 ろくに　　　　2 まんざら　　　3 めっきり　　　4 てっきり

問題3 _____ の言葉に意味が最も近いものを、1・2・3・4から一つ選びなさい。

14 この企画は画期的な発想から生まれた。

   1　大勢の人が知っている　　　　　　　2　今までにない新しい

   3　非常に変な　　　　　　　　　　　　4　近頃ではめずらしい

15 あの女優はつぶらな瞳が印象的だ。

   1　きらきらしてかわいい　　　　　　　2　ひろくてかわいい

   3　つぶっていてかわいい　　　　　　　4　まるくてかわいい

16 猫は、鏡に映る自分の顔をつくづくと眺めていました。

   1　こうこうと　　　　2　きっちり　　　　3　やたらに　　　　4　じっくり

17 彼は最も効果的なタイミングを見計らっている。

   1　あおいで　　　　　2　うながして　　　3　いだいて　　　　4　ねらって

18 彼とはざっくばらんに話ができる。

   1　慎重に　　　　　　2　率直に　　　　　3　冷静に　　　　　4　軽率に

19 刑事は犯人の残した手掛かりを一つ一つ丹念に調べました。

   1　じっくりと　　　　2　きっぱりと　　　3　のんびりと　　　4　さっくりと

問題4 次の言葉の使い方として最もよいものを、1・2・3・4から一つ選びなさい。

20 連携　👑👑👑

1 学校は警察と連携して学生の安全を守っています。

2 社員全員が1台のプリンターを連携して使っている。

3 彼は2日連携してお酒を飲んだ。

4 運動の時には、必ず水を連携してください。

21 案の定　👑👑👑

1 会議の結論は私の案の定だった。

2 空が曇ってきたなと思っていたら、案の定雨が降ってきた。

3 バスケ部の案の定な優勝に、学校中が沸いた。

4 昨日見た夢が案の定になって驚いた。

22 重宝　👑👑👑

1 ヒスイは宝石として重宝されている。

2 祖母からもらった手紙をいつも重宝している。

3 科学技術の発展に重宝して、社会問題も解決した。

4 このリュックは使いやすく軽いので、重宝している。

23 ちょくちょく　👑👑👑

1 店長と仲良くなってから、この店にちょくちょく顔を出すようになった。

2 耐震診断も無事に終わり、店の改装工事がちょくちょく進んでいる。

3 道で転んで怪我したところがちょくちょくと痛む。

4 休みの日くらいは、家でちょくちょくしたい。

24 一変 ♛♛♛

1 都市開発が進んだため、この辺の景色は<u>一変</u>してしまった。

2 あの政治家は熱意のある演説で国民の人気を<u>一変</u>に集めた。

3 話を聞くより、自分が<u>一変</u>体験してみることだ。

4 <u>一変</u>たりともこの仕事を辞めようと思ったことはない

25 きざ ♛♛♛

1 あの男の紳士ぶった<u>きざ</u>なふるまいは、皆に嫌われている。

2 牛乳を入れても微かに紅茶の<u>きざ</u>な味がしておいしい。

3 果物畑に<u>きざ</u>な花が咲いているのを見つけて観察した。

4 あなたのその<u>きざ</u>な目線に腹が立つんですよ。

問題5　次の文の（　　　　）に入れるのに最もよいものを、1・2・3・4から一つ選びなさい。

26　そのアニメの関連商品の売り上げがどんどん伸びている（　　　　）、何か今までのアニメにはなかった魅力があるんだと思います。　♔♔♔

1　ばかりに　　　　　　　　　　　2　ところを見ると

3　おかげで　　　　　　　　　　　4　あまり

27　大切な人を亡くした人々の悲しみは想像（　　　　）。　♔♔♔

1　にかたくない　　　2　の余地はない　　　3　の限りだ　　　　4　に至る

28　A「昨日のドキュメンタリー番組はどうだった？」　♔♔♔

B「うん。芸術家達の生き様を通じて、人生について深く（　　　　）よ。」

1　考えさせられちゃった　　　　　2　考えされちゃった

3　考えられちゃった　　　　　　　4　考えさせちゃった

29　妹がいなかったら一人っ子で寂しかっただろう。でも、（　　　　）けんかばかりする。　♔♔♔

1　いるならいたので　　　　　　　2　いたらいたで

3　いるならいたで　　　　　　　　4　いたらいたので

30　まだ（　　　　）そんなに激しい運動をすると、怪我するよ。　♔♔♔

1　若いつもりで　　　　　　　　　2　若いままで

3　若げに　　　　　　　　　　　　4　若めに

31　新しい感染症の流行によって多くの国民が（　　　　）、政府は対策方法の見直しにとりかかっている。　♔♔♔

1　犠牲したことを受けて　　　　　2　犠牲したことをもらって

3　犠牲になったことを受けて　　　4　犠牲になったことをもらって

32 （携帯ショップで）

A「どの色のスマートフォンにするか決められましたか。」

B「まだ、迷っています。」

A「（　　　　）、いつでもお気軽に近くのスタッフにお申し付けくださいませ。」

1　お決まられましたら　　　　　　　2　お決まりになりましたら

3　お決めいたしましたら　　　　　　4　決めてまいりましたら

33 彼は自分の利益を優先（　　　　）、同僚を裏切った。

1　させることとて　　　　　　　　　2　させんがために

3　させればこそ　　　　　　　　　　4　させたが最後

34 大雪で電車が止まってしまって、（　　　　）帰れない。

1　帰るのはおろか　　　　　　　　　2　帰ろうにも

3　帰りながらも　　　　　　　　　　4　帰るとはいえ

35 A「先週の試験、高熱のせいで受けられなかったよ。どうしよう。」

B「仕方ないよ。教授に再試を（　　　　）頼んでみたら？」

1　受けてもらえるように　　　　　　2　受けさせてあげられるように

3　受けさせてもらえるように　　　　4　受けてくれるように

問題6 次の文の ___★___ に入る最もよいものを、1・2・3・4から一つ選びなさい。

（問題例）

あそこで _____ __★__ _____ _____ は鈴木さんです。

　　1　新聞　　　2　読んでいる　　　3　を　　　4　人

（解答のしかた）

1．正しい文はこうです。

あそこで _____ __★__ _____ _____ は鈴木さんです。

　　　　　　1　新聞　　3　を　　2　読んでいる　　4　人

2．__★__ に入る番号を解答用紙にマークします。

（解答用紙）　　（例）　①　②　●　④

36　木村さんは、部長が会議室を _____ __★__ _____ _____ 携帯電話を取り出して出前の注文を始めた。

　　1　か　　　　　　2　が　　　　　　3　早い　　　　　　4　出る

37　このように、同じ種類の石器が発掘された _____ _____ __★__ _____ 分かれたと考えられる。

　　1　南アメリカは　　　　　　　　2　こと
　　3　アフリカ大陸から　　　　　　4　から見て

38 彼女は倉庫の整理を命じられた ＿＿＿＿ ＿＿＿＿ ★ ＿＿＿＿ 、新しく買った部品も分類せずに棚に入れていました。 👑👑👑

1 整理しなかった
2 ばかりか
3 少しも
4 にもかかわらず

39 夕食を作りながら、今日会社であったことを ＿＿＿＿ ★ ＿＿＿＿ ＿＿＿＿ 、頼まれ事を忘れていたことに気づきました。 👑👑👑

1 いたら
2 ともなく
3 考えて
4 考える

40 児童虐待のニュースを見るたび、身勝手な大人に ＿＿＿＿ ★ ＿＿＿＿ ＿＿＿＿ 。 👑👑👑

1 憤りの念を
2 禁じ
3 えない
4 対する

問題7　次の文章を読んで、文章全体の趣旨を踏まえて、41 から 45 の中に入る最
　　　　もよいものを、１・２・３・４から一つ選びなさい。

　人類と感染症の戦いは現在 41 終わることを知らない。私たちの健康に危害を及ぼす
さまざまな病原体から身を守るためにはどのような行動をとればよいのだろうか。

　近年では、2020年から大流行した新型コロナウイルスにより、未知の感染症への脅威は
さらに増している。人との接触を控えたり、マスクを着用したりすることももちろん大事
だが、そもそも体に免疫力がなかったらそれまでだ。42 免疫力を向上させるための生
活習慣、体づくりをすることが重要だと言えるだろう。

　厚生労働省は2000年から、国民の健康づくり対策として「健康日本21」を推進している。
これは病気の早期発見、早期治療 43 、生活習慣病を発病させないなど、日常生活にお
ける健康づくりや疾病予防に重点を置く取り組みである。健康日本21では、国民の健康寿
命の延伸を図るため、「栄養・食生活」「身体活動・運動」「休養・こころの健康づくり」「た
ばこ」「アルコール」をはじめ九つの分野において、達成すべき数値目標などを掲げている。

　「栄養・食生活」の分野を見てみよう。「国民栄養調査」によれば、男性の肥満者の割合
は、いずれの年齢層でも20年前に比べて1.5倍に増加している 44 、適切な食品選択や食
事に関わる知識についても「まったくない」「あまりない」と回答する者が、20歳代及び
30歳代の男性では約７割にのぼるという。病気の予防 45 、健康に関する情報提供や教
育が急がれる。

41

1 にかこつけて　　2 にかかわらず　　3 に至るまで　　　4 にともなって

42

1 それをかわきりに　　　　　　　　2 これをかわきりに
3 それまでにもまして　　　　　　　4 これまでにもまして

43

1 にとどまらず　　2 を踏まえて　　3 にのっとって　　4 をのぞいて

44

1 ゆえに　　　　　2 だけではなく　　3 のにひきかえ　　4 からといって

45

1 はともかくとして　　　　　　　　2 もさることながら
3 と相まって　　　　　　　　　　　4 もそこそこに

(1)

　料理家のレシピやテレビの料理番組などでよく紹介されるのが、あるものを「おいしくするコツ」である。そのコツとは、もしレトルト食品について話しているならば食べ方のテクニックのことになるのだろうが、一から作る場合には食材についてどのくらい理解しているかということを指す。料理は食材そのものが本来持っている特徴をいかにうまく生かすかが重要だ。例えばオクラを食べるなら、ネバネバ感やシャキッとした歯ごたえを効果的に利用するのがオクラの魅力を倍増させる方法だといえる。旬の材料への知識さえあれば、的確に一手間加えたり一手間抜いたりして、料理をもっとおいしく、楽しくできる。よく言われる「料理の基本は科学」というフレーズも、このような点から見れば、あながち間違いではないようだ。

46　この文章で筆者が最も言いたいことは何か。

　1　食べ物のおいしさは、材料の質や新鮮さによる。

　2　材料の特徴を知ることで、料理上手になれる。

　3　すべての料理には成功に至るレシピが決まっている。

　4　料理のコツは、学習しないとわからない。

(2)

　日本の社会で議論されることの増えたセクシャリティ。「性」や「性別」に関わる言葉であることは予測できるが、具体的には何を指しているのだろうか。セクシャリティとは、広義（こうぎ）には人間の性のあり方を意味すると言われている。そしてセクシャリティの要素には身体的性、性自認（じにん）、性的指向（しこう）、性表現の四つがある。順に、出生届けに書かれている生物学的な性、本人が認識している心の性、恋愛や性的感情の対象となる性、服装・ふるまいなど自分を表現するための性、と説明することができる。

[47]　この文章は何について述べているか。

1　セクシャリティを表す要素とその内容

2　日本でセクシャリティが議論されている理由

3　セクシャリティという言葉が示す性別のあり方

4　セクシャリティが生物学的に決定づけられること

(3)

　サービス業界では顧客が第一と見なされることが多い。確かに営利行為において顧客の満足を導き出すことは何よりも優先されるべきだが、度を超えた顧客志向は、従業員を苦しめる結果をもたらす。なぜなら、顧客が従業員をマニュアルに従属した機械のような存在だと勘違いする恐れがあるからだ。また、レストランなどの飲食店において、従業員に感情労働を強いるのは時代錯誤である。笑顔は必ずしも接客における必須条件ではないのである。レジの向こうでも奥の厨房でも働いているのは「人」だということを忘れてはいけない。

48 筆者が主に批判していることは何か。

1　従業員への尊重が欠けているサービス業界

2　従業員への教育が足りないサービス業界

3　従業員の感情労働が足りないサービス業界

4　従業員の悩みを聞いてくれないサービス業界

(4)

ミュージカル映画はファン層の厚いジャンルである。それ故、作り上げるには格別な注意を要する。ミュージカル映画では、劇中に歌や踊りも含まれるため、それをこなす俳優には演技スキルのみならず、高い歌唱力とダンス力が求められる。また、台詞の多くが歌で表現されるため、不自然な言い回しなどは徹底的に修正を重ねる必要があり、物語と音楽の構成は程よいバランスを保ちながら展開されなければならない。これらが守られていなければ観客の集中力はすぐに途切れてしまう。

49 筆者が考えるミュージカル映画の特徴は何か。

1 物語を圧倒する音楽の力が求められること
2 物語と音楽のバランスが求められること
3 物語を反転させる音楽の緊張感が求められること
4 物語と音楽の偶然な出会いが求められること

問題9　次の(1)から(3)の文章を読んで、後の問いに対する答えとして最もよいものを、
1・2・3・4から一つ選びなさい。

(1)　　　　　　　　　　　　　　　　　　　　　　　　　　　　　　　♛♛♛

　貧困には「絶対的貧困」と「相対的貧困」の2種類がある。前者は衣食住が解決できない状態のことを指し、後者は生活はできるけれども周りより貧しい思いをしている状態のことを指している。厚生労働省は日本において子どもの「相対的貧困率」は13.5%と7人に1人が貧困状態にあるという結果を発表した。これはOECDに加盟している先進国30か国の中で4番目に高い比率となっていて、「子どもの貧困」問題は深刻な課題となっている。

　日本における「子どもの貧困」の大きな原因の一つは母子家庭の増加だ。子どもの貧困の半数がひとり親世帯であり、特にシングルマザーは一人で子育てと仕事を両立しなければならない。そのため時間の融通がきくパートやアルバイトなどで家計を支えている場合が多く、安定した収入が得られないというのが現状だ。

　貧困家庭の子どもは、一般的な家庭の子どもより学習環境が整っていない。よって学力低下や貧困で進学ができず低収入の職に就くことになり、貧しさから抜け出せない悪循環に陥ってしまう。このような問題を解決していくために、地方自治体やNPOが中心となり、放課後安心して子どもたちが過ごせる「放課後児童クラブ」や「児童館」、安価もしくは無償で栄養バランスが取れた食事を提供する「子ども食堂」などが運営されている。

50 　この文章の内容と合っているものはどれか。

　1　周りと比べて貧しい思いをしている状態を「絶対的貧困」という。

　2　食べることに困るほどの状態を「相対的貧困」という。

　3　命に危険が及ぶような貧しい状態を「絶対的貧困」という。

　4　「絶対的貧困」と「相対的貧困」の意味に大きな差はない。

51 　この文章の内容と合わないものはどれか。

　1　非正規雇用で働くシングルマザー家庭で「子どもの貧困」問題を抱えている場合が多い。

　2　「子どもの貧困」は学力低下につながり進学や安定した仕事への就職の機会が失われてしまう。

　3　日本の子どもの7人に1人が貧困で苦しんでいる。

　4　日本の「子どもの貧困率」は世界で比べるとそれほど深刻ではない。

52 　子どもの貧困の解決策として合わないものはどれか。

　1　「放課後児童クラブ」や「児童館」は不登校の子どもたちが過ごせる場所である。

　2　「放課後児童クラブ」は学校が終わった後、子どもたちが安心して過ごせる場所である。

　3　「子ども食堂」や「放課後児童クラブ」は貧困家庭の子どもたちをサポートする活動である。

　4　「子ども食堂」は子どもたちに栄養たっぷりの食事を提供する活動である。

(2)　　　　　　　　　　　　　　　　　　　　　　　　　　　　　　　♛♛♛

　2015年の国連サミットで採択された「SDGs」。日本語では「持続可能な開発目標」と訳
①
される。わかりやすく言うと、「未来の世界が今以上に良くなるために、世界の皆が協力
して解決したい世界が抱える課題」という意味で、経済問題、社会問題、地球環境問題な
どにおける17の解決すべき目標を掲げている。当初はあまり注目されていなかったものの、
2017年の政治経済リーダーズ会議「ダボス会議」で「SDGs に取り組むと12兆ドルを超え
る経済価値がある」という研究結果が発表され、民間企業の関心を集めるようになった。
②

　日本においても、企業のブランドイメージの向上や新しいビジネスチャンスにつながる
などの理由で、SDGs が企業のメリットとして捉（とら）えられるようになり、さまざまな民間企
業が積極的に取り組みを行っている。化粧品会社による発達途上国の女性教育支援、食品
メーカーによる災害発生時におけるインスタントラーメンの無償提供、衣料品メーカーの
自社商品のリサイクル、リユース活動などがその例である。

　しかし、日本の SDGs の達成度はまだ十分とはいえない。特に、地球環境の持続可能性
に対する評価は低く、多くの課題が残っている。目標達成を目指すためには、この活動を
一過性のものとせず企業活動として定着させることが重要だ。企業の社会的責任がこれま
で以上に問われる現在、SDGs は企業の成長の鍵になるといっても過言ではないだろう。

53 「①SDGs」の説明として正しいものはどれか。

1 SDGs は世界の民間企業が提案する取り組みである。

2 SDGs は世界の皆で解決するべき目標のことである。

3 SDGs は開発途上国の問題を解決することである。

4 SDGs に取り組むと経済的な損失となる。

54 ②民間企業の関心を集めるようになったとあるが、それはなぜか。

1 SDGs は世界の経済問題だから。

2 SDGs が国連サミットで採択されたから。

3 SDGs に経済的な価値があるとわかったから。

4 SDGs は未来につながる取り組みだから。

55 日本企業の SDGs の取り組みについて、筆者の考えと合わないものはどれか。

1 日本の SDGs へ取り組みには課題がある。

2 企業の取り組みのおかげで日本の SDGs は成功している。

3 SDGs の取り組みに日本の企業は積極的である。

4 民間企業は SDGs を継続して行うべきである

(3) 👑👑👑

　「多様性」と訳される<u>ダイバーシティ</u>。組織や集団で人種・性別・嗜好・価値観・信仰
①
などさまざまな属性の人たちが共存している状態のことで、企業においては多様な人材を
幅広く採用し活用しようという経営戦略のことである。ダイバーシティへの取り組みは60
年代のアメリカに端を発し、近年日本でも注目が集まっている。特に育児休暇後の女性、
障害者、定年後の高齢者など、多様な働き方の受け入れに力を入れている企業が多く存在
する。

　<u>日本でダイバーシティが広まった要因</u>として、少子高齢化と企業のグローバル化があげ
②
られる。少子高齢化が進み慢性的な人手不足に陥った現状を打破するために、企業はさま
ざまな人材を確保する必要がある。一方、グローバル化によって、多様な価値観を持つ世
界のニーズに合わせた柔軟な発想ができる人材が必要となった。ダイバーシティを進める
ことで、幅広い人材を集めることができ、多様化する社会に通用する商品やサービスが提
供できる。また働く人に合わせて労働環境を整備することで、一人一人の能力を最大限活
かすことができる。

　しかし、社員の理解が不十分なままで進めてしまうと、価値観の違う者同士の思わぬ対
立が発生したり、チームワークが乱れたり、知らずにハラスメントをしてしまう危険もあ
る。そのため、会社全体で常に異なる立場を理解し受け入れる努力が必要だ。企業はダイ
バーシティ推進のための土壌づくりをしっかりと行い、誰もが働きやすく能力を発揮でき
るような環境を整えることが最優先となるだろう。

56 ①ダイバーシティについて当てはまらないものはどれか。

1 ダイバーシティの始まりは60年代のアメリカと日本だ。

2 ダイバーシティ経営を進める日本企業も存在する。

3 ダイバーシティとは多様な人材を受け入れることだ。

4 ダイバーシティとは日本語で「多様性」と訳される。

57 ②ダイバーシティが広まった要因について当てはまるものはどれか。

1 少子高齢化によって若者が就職しやすくなった。

2 高齢者ばかりを雇うため就職できない若者が多い。

3 企業の海外進出が全く進まないため多様性を意識しない。

4 少子化が進み企業において人手不足が深刻化している。

58 この文章の内容に合わないものはどれか。

1 働く人の能力を最大限活かすためには幅広い人材を集める必要がある。

2 少子高齢化の影響でダイバーシティを進める必要性が高まった。

3 多様な人が集まるため思わぬトラブルが起こる可能性がある。

4 多様な価値観があると認め、互いに歩み寄ることが重要だ。

問題10　次の文章を読んで、後の問いに対する答えとして最もよいものを、１・２・３・
　　　　４から 一つ選びなさい。　　　　　　　　　　　　　　　　👑👑👑

　昔から日本では家系、血統、地位などを表す家紋（注1）というものがあった。紋所とも呼ばれる日本の家紋は、抽象的な西洋のシンボルとはまた違う魅力がある。①平安時代から創造された5千種以上の家紋の中で、８割以上が実際の植物をモチーフとして描かれている。「毎年、貴族も町人も野に出て適した草花を採集する」と、江戸時代の系譜書（注2）である『藩翰譜』にも書かれていることからも、日本人が昔から自然を身近に感じながら暮らしてきたことが、家紋からもよく伝わってくる。

　しかし、植物に対して先祖たちが持っていた関心と情熱は、長い年月を経て、薄れてしまった。ゆとり世代では、教育内容の厳選などにより、自然教育に関するカリキュラムは減らされてしまった。世の中の流れの中での変化であるので、②必ずしも世代の問題だと割り切ってしまうことはできないが、草花の名前や特徴などは必要のない情報だと思う人が増えたということは間違いない。

　確かに、目前にあるものを解決しながら、一目散に自分の道を走らなければならない競争社会に身をおく私たちにとって、植物との交流はあまり必要でないように見えるが、周りの自然環境について知ることは、人々の生活を豊かにする③とても重要なことだ。自然とともに生きていく人類が自然環境について無知なのは、自分が存在する場所についての知識がないということである。人類を生み、人類を養い、時には災害で人類を試す自然を知ることによって、人はもう一歩自分のアイデンティティに近づくことができるのだ。

　それだけではない。植物に親しむことで、ものを見る観点を拡大できる。草花や樹木に関する知識があれば、④そこを起点とした人文学を理解することができる。例えば、フタバアオイは寿命が長く自家受粉できることを知る人は、なぜこの植物が徳川家の紋「三つ葉葵」のモデルなのかわかるはずだ。このように自然の物語や動植物の知識は、歴史だけでなく文学や言語学、さらには社会学でも活用できる。自然にまつわる知識は、決して使えない情報ではないのだ。

（注1）家紋：家々で定め伝えられる家のしるし
（注2）系譜書：先祖から子孫に至る一族代々のつながりを記した書籍

59 筆者が日本の家紋が西洋のシンボルとは①違う魅力があると言っているのはなぜか。

1　植物の生える地域だけで作られているため。

2　植物に関する概念を元に作られているため。

3　さまざまな植物を一つの図形にしているため。

4　実在する植物を基にしているため。

60　②必ずしも世代の問題だと割り切ってしまうことはできないとあるが、それはなぜか。

1　「ゆとり世代」と名付けた上の世代が最も問題だから。

2　動植物への無関心は、全世界的な傾向だから。

3　「ゆとり世代」にも植物に愛情を持っている者がいるに違いないから。

4　植物や自然に興味を持たない動向は、社会の変化と結びついているから。

61　自然環境を知ることが③とても重要なことであるのはなぜか。

1　人間の在り方について知ることと同様であるため。

2　競争社会で生き残るための手がかりを与えてくれるため。

3　自然を征服するには知識が必要であるため。

4　自然から切り離して、客観的に自分を眺めるため。

62　④そこを起点とした人文学とあるが、それは何か。

1　植物そのものへの学問的研究

2　自然を題材にした物語

3　自然から得られる知識

4　自然とともに生きる人間の知恵

問題11 次のＡとＢの文章を読んで、後の問いに対する答えとして最もよいものを、１・
２・３・４から一つ選びなさい。 👑👑👑

在宅勤務

A

　　３か月前、育児休暇を終え、復職しました。休暇前は週５日の出勤が基本でしたが、
育児休暇中に在宅ワークが中心になっていました。１年ぶりの仕事だったので、通
勤よりも自宅のほうが仕事がしやすいだろうと思っていましたが、いざ始まってみ
ると、忘れていることが多くあり、すぐ同僚に質問できない環境を少し不便に感じ
てしまいました。また、休暇中と同じ空間での仕事なので、慣れるまでは仕事に集
中するのが難しく、困惑しました。しかし、数か月経った今では、在宅での仕事が
楽だと感じるようになりました。通勤時間がないため、仕事が終わった後すぐに娘
を保育園に迎えに行けるという利点もあり、子育て中の女性には非常に便利な制度
だなと思います。育児休暇復帰後は数週間程度は通勤し、その後は在宅勤務を継続
してできるような制度を会社が整えてくれたら多くの女性が快適に働けるのではな
いかと思いました。

B

　　在宅ワークには、いい面と悪い面があるように感じます。私はプライベートを大
切にしたいタイプの人間なので、通勤に使っていた時間を家事に当てたり、仕事の
休憩時間にちょっとした用事を済ませたりできる在宅ワークは理想の働き方だと
思っています。また、在宅ワークを始めてから、仕事後に趣味に費やす時間も増え、
生活の質が向上したような気がします。しかし、同僚の中には、オンオフの切り替
えが難しく、仕事に集中できないという声もありました。また、ワンルームに住ん
でいる若い社員などは、仕事をするスペースがなく、カフェに行って仕事をしてい
る人もいるようです。社員一人一人生活環境が違うため、希望者のみ在宅ワークに
する、または自宅での在宅ワークの環境を整えるサポートを会社が積極的に行うべ
きだと考えています。

63　AとBの意見として、共通しているものはどれか。

1　子育てと仕事の両立が楽になったこと

2　在宅ワークをするスペースが足りないこと

3　業務内容を共有することが難しいこと

4　通勤時間がなくなり、時間を有効に使えるようになったこと

64　在宅ワークについて、AとBの意見として正しいものはどれか。

1　AもBも企業による在宅ワークへのサポートが必要だと考えている。

2　Aは今後も継続したサポートが必要だと考えているが、Bは現状に満足している。

3　Aは全ての社員が在宅ワークをすることに否定的だが、Bは肯定的である。

4　AもBも在宅ワークは希望者のみすべきだと考えている。

問題12 次の文章を読んで、後の問いに対する答えとして最もよいものを、１・２・３・４から一つ選びなさい。 👑👑👑

　夫婦別姓を認めない民法などの規定は憲法に反するとして、東京都内の事実婚の夫婦３組が起こした家事審判の決定で、最高裁大法廷は「合憲」と判断した。結婚後も仕事を続ける女性が増え、改姓に伴う不利益が問題となっている現状を無視した時代遅れの判断で、受け入れ難い。

　最高裁は2015年、民法の規定について「社会に定着しており、家族が同じ姓を名乗ることは合理性がある」などの理由で「合憲」とする初の判断を出している。今回の決定もそれを追認したかたちだ。

　ただし15年の判決は「選択的夫婦別姓制度に合理性がないと断ずるものではない」とし、制度の在り方を国会で議論することを促した。法制審議会はこれに先立ち、1996年に「選択的夫婦別姓」の導入を含む民法改正を答申している。

　ところが自民党の一部議員の強い反対で、改正論議は進んでこなかった。２度目の合憲判断が、国会での議論をさらに後退させるのではないかと懸念される。

　今回の最高裁決定は「社会の変化や国民の意識の変化といった諸事情を踏まえても、2015年の大法廷判決の判断を変更すべきとは認められない」とした。一方で、裁判官15人中４人が「違憲」との意見を述べた。選択的夫婦別姓制度を導入しないことが「個人の尊厳をないがしろにする」などと指摘している。（中略）

　民法の規定では「夫婦は、婚姻の際に定めるところに従い、夫又は妻の氏を称する」とする。戸籍法に従えば、夫婦の姓を一つに定めなければ婚姻届が受理されない。

　こうした制度が不便を生むため、政府は16年に旧姓の通称使用を拡大する方針を定めた。住民票や運転免許証には旧姓併記ができる。だが民間では、旧姓が使えない職場がまだ多いほか、金融機関によっては旧姓での銀行口座開設を認めていない。

　共同通信社が今年実施した世論調査では、６割が選択的夫婦別姓に賛成と答えた。30代以下では７割を占める。「個人の自由」として導入に前向きな考えが広がっている。

　今回の決定も15年判決に続き、制度の在り方については「国会で論ぜられ判断されるべき事柄」と注文を付けた。夫婦別姓を巡る国会での議論の停滞が問題であることは論をまたない。社会の変化に合わせた柔軟な法改正を進める必要がある。

『〈社説〉夫婦別姓審判／最高裁決定は時代遅れだ』神戸新聞 NEXT 2021年６月24日

（注）ないがしろ：人や物事を軽く見ること

65 最高裁大法廷が夫婦別姓を認めない民法の規定を合憲にしたのはなぜか。

1 夫婦別姓はとても合理的で別姓にすると便利だから。

2 夫婦別姓は合理的ではなく不利益が生じるものだから。

3 家族全員が同一の姓を使うことが社会では一般的だから。

4 家族全員が別々の姓を使ってもおかしくない社会になったから。

66 国会で選択的夫婦別姓導入の議論が進まないのはなぜか。

1 世論が夫婦別姓に否定的で議論する必要がないため。

2 自民党の一部で夫婦別姓に根強い反対があるため。

3 与野党全体が夫婦別姓について反対しているため。

4 他の議題が多く夫婦別姓を話し合う時間がないため。

67 政府が定めた旧姓の通称使用を拡大する方針について、正しいものはどれか。

1 住民票に旧姓だけ載せられる。

2 免許証に旧姓も載せることができる。

3 ほとんどの民間企業で旧姓が使える。

4 旧姓で銀行口座を作ることができる。

68 筆者の主張として当てはまらないものはどれか。

1 選択的夫婦別姓を認める法改正が必要だ。

2 今回の夫婦別姓に関する最高裁の判断は正しくない。

3 国会で夫婦別姓に関する議論がなされるべきだ。

4 夫婦別姓は反対世論が多く実現には時間がかかる。

69　このキャンペーンで新規入会する場合にあらかじめ準備するものは何か。

1　入会金、事務手数料、２か月分の会費、身分証明書、友達紹介カード

2　事務手数料、２か月分の会費、身分証明書、個人トレーニングチケット

3　事務手数料、２か月分の会費、身分証明書、友達紹介カード

4　事務手数料、身分証明書、友達紹介カード、個人トレーニングチケット

70　このキャンペーンで６名紹介した場合に受けられる特典は何か。

1　１日３時間の個人トレーニングを１日利用でき、月会費が１か月無料になる。

2　１日１時間の個人トレーニングを３日利用でき、月会費が１か月無料になる。

3　１日30分の個人トレーニングを５日利用でき、入会費が無料になる。

4　１日30分の個人トレーニングを７日利用でき、月会費が１か月無料になる。

春到来！ ゲンキジムお友達紹介キャンペーン

いつもゲンキジムのご利用、ありがとうございます！
春、新しいことに挑戦したい、冬の間になまった体を鍛えたい、運動を始めてみたい、というお友達は周りにいませんか？ 4 〜 5月の2か月間、お得な春のお友達紹介キャンペーンを開催します。ゲンキジムで一緒に楽しく運動できる仲間を増やしましょう！
たくさんのご紹介をお待ちしています。

期間：4月1日（木）〜 5月31日（月）

ご入会者特典　入会金5,500円が無料。
※4か月以上の在籍が条件です。

入会についての注意事項
※事務手数料1,800円は入会時にお支払いが必要です。
※入会時2か月分の会費は先払いです。
※身分証明書をご持参ください。

ご紹介者特典1　個人トレーニング30分チケットプレゼント（お1人ご紹介につき1枚）
ご紹介者特典2　期間中に5名以上ご紹介いただいた方は、月会費1か月無料

イベント参加方法
・受付に設置してある友達紹介カードに会員（ご紹介者）のお名前と会員番号を記入して、ご入会を希望される方へお渡しください。
・ご入会者は紹介者の方から受け取った友達紹介カードを入会手続き時に受付でご提示ください。

特典についての注意事項
※特典はキャンペーン期間内に、ご入会された場合に限り付与されます。
※個人トレーニングチケットは、ご入会者の初期費用のお支払いが済み次第お渡しいたします。
※個人トレーニングチケットの有効期限は、ご入会者の利用開始日から半年間です。
※チケットを複数枚お持ちの場合、1回に利用できるチケットは2枚までです。
※個人トレーニングは完全予約制です。受付でご予約ください。

お問い合わせ
電話：00-1111-2222
メール：genki@gym.jp

通し聞き用音声
🎧 MP3 N1-1-42

N1

聴解

（55分）

注　意
Notes

1. 試験が始まるまで、この問題用紙を開けないでください。
   Do not open this question booklet until the test begins.

2. この問題用紙を持って帰ることはできません。
   Do not take this question booklet with you after the test.

3. 受験番号と名前を下の欄に、受験票と同じように書いてください。
   Write your examinee registration number and name clearly in each box below as written on your test voucher.

4. この問題用紙は、全部で13ページあります。
   This question booklet has 13 pages.

5. この問題用紙にメモをとってもいいです。
   You may make notes in this question booklet.

受験番号　Examinee Registration Number	

なまえ　Name	

もんだい
問題 1

問題1では、まず質問を聞いてください。それから話を聞いて、問題用紙の1から4の中から、最もよいものを一つ選んでください。

れい
例 🎧 MP3 N1-1-02

1　友人に連絡をする
2　金額を決める
3　スタンドライトを買う
4　人気の家電を調べる

1番 🎧 MP3 N1-1-03 ♔♔♔

1 お店に椅子を見に行く

2 ネジをきつく締める

3 修理してもらう日程を決める

4 新品の椅子と交換してもらう

2番 🎧 MP3 N1-1-04 ♔♔♔

1 サイトで会員登録をする

2 整理券をもらいに行く

3 電話で予約をする

4 メールで予約をする

3番 🎧 MP3 N1-1-05　♔♔♔

1　3,900円のプランに変更する
2　ファミリー割引ネクストＧサービスに変更する
3　もう一度、夫を連れてお店を訪ねる
4　半年後にプランを見直す

4番 🎧 MP3 N1-1-06　♔♔♔

1　インターネット回線工事をする
2　区役所に転出届を出す
3　引っ越し業者を決める
4　マンション管理会社に解約の意思を伝える

1　エビの殻をむく

2　エビを水で洗う

3　じゃがいもを切る

4　じゃがいもをつぶす

問題2

問題2では、まず質問を聞いてください。そのあと、問題用紙のせんたくしを読んでください。読む時間があります。それから話を聞いて、問題用紙の1から4の中から、最もよいものを一つ選んでください。

れい
例 🎧 MP3 N1-1-09

1 ルール厳守を徹底しトラブルを未然に防ぐこと
2 異なる考え方を相手に理解させること
3 異なる価値観を認めること
4 入居者全員で規則を決め直す柔軟性を持つこと

1 短編で読みやすいから
2 話の展開が早く没頭できるから
3 犯人捜しが面白いから
4 いろんな人物が登場するから

2番 🎧 MP3 N1-1-11

1 誰も注意してくれなかったから
2 ラグビーに明け暮れていたから
3 近所で悪い噂を流されたから
4 勉学を疎かにしていたから

3番 🎧 MP3 N1-1-12 ♛♛♛

1 価値観や考え方が合わない場合
2 明確な定義はない
3 コミュニケーション不足の場合
4 お互いが離婚を望んでいる場合

4番 🎧 MP3 N1-1-13 ♛♛♛

1 有名洋菓子店とスフレケーキをコラボする
2 もっちり濃厚カップケーキで売り出す
3 有名キャラクターのフィギュアをつける
4 サンタやツリーの形をしたスイーツで売り出す

5番 🎧 MP3 N1-1-14　　👑👑♔

1　きっちりしすぎるところ

2　そっけないところ

3　話が通じないところ

4　大雑把なところ

6番 🎧 MP3 N1-1-15　　👑♔♔

1　プレッシャーがあるから

2　練習に集中できないから

3　顧問の先生が厳しいから

4　練習時間があまりないから

第
1
回

もんだい
問題3

問題3では、問題用紙に何も印刷されていません。この問題は、全体としてどんな内容かを聞く問題です。話の前に質問はありません。まず話を聞いてください。それから、質問とせんたくしを聞いて、1から4の中から、最もよいものを一つ選んでください。

れい
例　🎧 MP3 N1-1-17

ばん
1番　🎧 MP3 N1-1-18　👑👑👑

ばん
2番　🎧 MP3 N1-1-19　👑👑👑

ばん
3番　🎧 MP3 N1-1-20　👑👑👑

ばん
4番　🎧 MP3 N1-1-21　👑👑👑

ばん
5番　🎧 MP3 N1-1-22　👑👑👑

― メモ ―

問題4

問題4では、問題用紙に何も印刷されていません。まず文を聞いてください。それから、それに対する返事を聞いて、1から3の中から、最もよいものを一つ選んでください。

れい
例　🎧 MP3 N1-1-24

ばん
1番　🎧 MP3 N1-1-25　　　　👑👑👑

ばん
2番　🎧 MP3 N1-1-26　　　　👑👑👑

ばん
3番　🎧 MP3 N1-1-27　　　　👑👑👑

ばん
4番　🎧 MP3 N1-1-28　　　　👑👑👑

ばん
5番　🎧 MP3 N1-1-29　　　　👑👑👑

ばん
6番　🎧 MP3 N1-1-30　　　　👑👑👑

ばん
7番　🎧 MP3 N1-1-31　　　　👑👑👑

ばん
8番　🎧 MP3 N1-1-32　　　　👑👑👑

ばん
9番　🎧 MP3 N1-1-33　　　　👑👑👑

ばん
10番　🎧 MP3 N1-1-34　　　　👑👑👑

ばん
11番　🎧 MP3 N1-1-35　　　　👑👑👑

聴解

第1回

もんだい
問題5

🎧 MP3 N1-1-36

問題5では、長めの話を聞きます。この問題には練習はありません。
問題用紙にメモをとってもかまいません。

1番　🎧 MP3 N1-1-37　　　　　　　♛♛♔

2番　🎧 MP3 N1-1-38　　　　　　　♛♛♛

問題用紙に何も印刷されていません。まず話を聞いてください。それから、質問とせんたくしを聞いて、1から4の中から、最もよいものを一つ選んでください。

— メモ —

3番 🎧 MP3 N1-1-39・40

まず話を聞いてください。それから、二つの質問を聞いて、それぞれ問題用紙の1から4の中から、最もよいものを一つ選んでください。

質問1

1 日本語を勉強すること
2 日本の会社に就職すること
3 日本で進学すること
4 奨学金をもらうこと

質問2

1 アルバイト先に就業時間を確認する
2 奨学金のことを調べる
3 アルバイトの面接を受ける
4 将来の目標を決める

N1 言語知識（文字・語彙・文法）・読解

JLPTリアル模試 N1 解答用紙［第1回］

受験番号 Examinee Registration Number

名前 Name

問題 1

	1	2	3	4
1	①	②	③	④
2	①	②	③	④
3	①	②	③	④
4	①	②	③	④
5	①	②	③	④
6	①	②	③	④

問題 2

	1	2	3	4
7	①	②	③	④
8	①	②	③	④
9	①	②	③	④
10	①	②	③	④
11	①	②	③	④
12	①	②	③	④
13	①	②	③	④

問題 3

	1	2	3	4
14	①	②	③	④
15	①	②	③	④
16	①	②	③	④
17	①	②	③	④
18	①	②	③	④
19	①	②	③	④

問題 4

	1	2	3	4
20	①	②	③	④
21	①	②	③	④
22	①	②	③	④
23	①	②	③	④
24	①	②	③	④
25	①	②	③	④

問題 5

	1	2	3	4
26	①	②	③	④
27	①	②	③	④
28	①	②	③	④
29	①	②	③	④
30	①	②	③	④
31	①	②	③	④

問題 6

	1	2	3	4
32	①	②	③	④
33	①	②	③	④
34	①	②	③	④
35	①	②	③	④

問題 7

	1	2	3	4
36	①	②	③	④
37	①	②	③	④
38	①	②	③	④
39	①	②	③	④
40	①	②	③	④

問題 8

	1	2	3	4
41	①	②	③	④
42	①	②	③	④
43	①	②	③	④
44	①	②	③	④
45	①	②	③	④
46	①	②	③	④
47	①	②	③	④
48	①	②	③	④
49	①	②	③	④

問題 9

	1	2	3	4
50	①	②	③	④
51	①	②	③	④
52	①	②	③	④
53	①	②	③	④
54	①	②	③	④
55	①	②	③	④
56	①	②	③	④
57	①	②	③	④
58	①	②	③	④

問題 10

	1	2	3	4
59	①	②	③	④
60	①	②	③	④
61	①	②	③	④
62	①	②	③	④

問題 11

	1	2	3	4
63	①	②	③	④
64	①	②	③	④
65	①	②	③	④
66	①	②	③	④
67	①	②	③	④
68	①	②	③	④

問題 12

	1	2	3	4
69	①	②	③	④
70	①	②	③	④

問題 13

	1	2	3	4

N1 聴解

JLPTリアル模試 N1 解答用紙【第1回】

受験番号
Examinee Registration Number

名前
Name

〈ちゅうい Notes〉
1. くろいえんぴつ(HB、No.2)でかいてください。
   Use a black medium soft (HB or No.2) pencil.
   (ペンやボールペンではかかないでください。)
   (Do not use any kind of pen.)
2. かきなおすときは、けしゴムできれいにけしてください。
   Erase any unintended marks completely.
3. きたなくしたり、おったりしないでください。
   Do not soil or bend this sheet.
4. マークれい Marking Examples

よいれい Correct Example	わるいれい Incorrect Examples
●	⊗ ◯ ◑ ◐ ⊖ ◓ ◯

問題 1

	1	2	3	4
例	①	②	●	④
1	①	②	③	④
2	①	②	③	④
3	①	②	③	④
4	①	②	③	④
5	①	②	③	④

問題 2

	1	2	3	4
例	①	●	③	④
1	①	②	③	④
2	①	②	③	④
3	①	②	③	④
4	①	②	③	④
5	①	②	③	④
6	①	②	③	④

問題 3

	1	2	3	4
例	①	●	③	④
1	①	②	③	④
2	①	②	③	④
3	①	②	③	④
4	①	②	③	④
5	①	②	③	④

問題 4

	1	2	3
例	①	●	③
1	①	②	③
2	①	②	③
3	①	②	③
4	①	②	③
5	①	②	③
6	①	②	③
7	①	②	③
8	①	②	③
9	①	②	③
10	①	②	③
11	①	②	③

問題 5

	1	2	3	4
1	①	②	③	④
2	①	②	③	④
3 (1)	①	②	③	④
3 (2)	①	②	③	④

N1

言語知識（文字・語彙・文法）・読解
（110分）

注　意
Notes

1. 試験が始まるまで、この問題用紙を開けないでください。

   Do not open this question booklet until the test begins.

2. この問題用紙を持って帰ることはできません。

   Do not take this question booklet with you after the test.

3. 受験番号と名前を下の欄に、受験票と同じように書いて
   ください。

   Write your examinee registration number and name clearly in each box below as
   written on your test voucher.

4. この問題用紙は、全部で29ページあります。

   This question booklet has 29 pages.

5. 問題には解答番号の 1 、 2 、 3 … が付いています。
   解答は、解答用紙にある同じ番号のところにマークして
   ください。

   One of the row numbers 1 , 2 , 3 … is given for each question. Mark your
   answer in the same row of the answer sheet.

受験番号　Examinee Registration Number	

名　前　Name	

問題1 _____の言葉の読み方として最もよいものを、1・2・3・4から一つ選びなさい。

1 そんな貧弱な語彙力じゃ、討論なんてできやしないよ。

    1　びんやく　　　　2　びんじゃく　　　3　ひんやく　　　　4　ひんじゃく

2 腰痛予防のために仕事の合間にストレッチをするようにしている。

    1　あいま　　　　　2　あいかん　　　　3　ごうま　　　　　4　ごうかん

3 言葉の変遷について調べてみると、昔と今では反対の意味で使われている言葉があることがわかった。

    1　へんせい　　　　2　へんさい　　　　3　へんせん　　　　4　へんさん

4 経営難に陥り、事業の縮小を余儀なくされた。

    1　あまぎ　　　　　2　じょぎ　　　　　3　しゅくぎ　　　　4　よぎ

5 彼は自分の非を認め潔く謝った。

    1　しつこく　　　　2　すばやく　　　　3　いやしく　　　　4　いさぎよく

6 彼は事故のショックから心の均衡を崩してしまった。

    1　きんこう　　　　2　ぎんこう　　　　3　きんしょう　　　4　ぎんしょう

問題2 （　　　）に入れるのに最もよいものを、1・2・3・4から一つ選びなさい。

7 コーヒーを飲むと頭が（　　　）。　　　👑👑👑
　　1　うえる　　　　　　2　さえる　　　　　　3　すえる　　　　　　4　たえる

8 1日に最低でも水分を3リットル以上摂取するのが（　　　）。　　　👑👑👑
　　1　ふさわしい　　　2　めざましい　　　3　のぞましい　　　4　まちどおしい

9 この部屋は男子ばかりでなんだか（　　　）です。　　　👑👑👑
　　1　みすぼらしい　2　みぐるしい　　3　むさくるしい　4　はかない

10 大会の優勝者に（　　　）拍手が送られました。　　　👑👑👑
　　1　雄大な　　　　　2　旺盛な　　　　　3　盛大な　　　　　4　壮絶な

11 この家は古い木造住宅なので、歩くたびに床が（　　　）うるさいです。　　　👑👑👑
　　1　きずいて　　　　2　きたえて　　　　3　きしんで　　　　4　きざんで

12 一人異国の地で生活するというのは、（　　　）ものです。　　　👑👑👑
　　1　こころぼそい　2　うっとうしい　3　とぼしい　　　4　なさけない

13 そんな（　　　）やり方で稼いだ金なんてもらいたくない。　　　👑👑👑
　　1　けむたい　　　　2　まぶしい　　　　3　あくどい　　　　4　はかない

問題3 ＿＿＿の言葉に意味が最も近いものを、1・2・3・4から一つ選びなさい。

14 その日は開店前からあわただしかった。 👑🤍🤍

1 緊張していた　　2 集中していた　　3 忙しかった　　4 落ち着いていた

15 彼は最後の最後まで粘り強く戦った。 👑👑🤍

1 頑丈に　　　　2 あきらめずに　　3 慎重に　　　　4 険しく

16 彼女は僕にとってかけがえのない存在だ。 👑👑🤍

1 やっかいな　　2 ありがたい　　　3 手ごわい　　　4 ほかにはない

17 今回の市長の決断には本当におそれいった。 👑👑👑

1 悲しくなった　2 感心した　　　　3 うんざりした　4 満足した

18 作品には彼女のユニークな世界観が表現されています。 👑🤍🤍

1 独特な　　　　2 特殊な　　　　　3 平凡な　　　　4 標準的な

19 大通りに出てみると、週末なのに人通りがまばらだった。 👑👑👑

1 絶えていた　　2 激しかった　　　3 少なかった　　4 多かった

問題4 次の言葉の使い方として最もよいものを、1・2・3・4から一つ選びなさい。

20 くっきり　　　♛♕♕

1　その程度の傷なら、放っておいても<u>くっきり</u>治るよ。

2　部屋に人が入ると、センサーがそれを感知して、<u>くっきり</u>電気がつく。

3　今朝は晴れているから新幹線の窓から富士山が<u>くっきり</u>見える。

4　京都の冬は寒いと言われているが、今年は<u>くっきり</u>寒い。

21 うつろ　　　♛♛♛

1　彼はいつも赤と黄色の<u>うつろ</u>なシャツを着ている。

2　あの人は、<u>うつろ</u>がうまいので信用してもいいと思います。

3　あの人はしょっちゅう<u>うつろ</u>なことを言っている。

4　彼女は<u>うつろ</u>な目で私を見た。

22 すみやか　　　♛♕♕

1　バレエの基本と応用を身につけ、<u>すみやか</u>な体をつくります。

2　緊急時は<u>すみやか</u>に行動に移らなくてはならない。

3　私たちは何度も転びながら<u>すみやか</u>な坂を下っていった。

4　和服というと、<u>すみやか</u>な女性が連想される。

23 ことごとく　　　♛♛♕

1　私の提案は<u>ことごとく</u>不採用になった。

2　空が<u>ことごとく</u>暗くなってきたね。

3　この大雪では<u>ことごとく</u>電車は遅れるかもしれない。

4　時間がないので、朝食も<u>ことごとく</u>家を出た。

24 けなす

1 彼はいつも課長をけなしてばかりいる。

2 その子は母親に人形を買ってくれとけなした。

3 彼女はその子のほおをけなした。

4 借金をしないですませようといくらけなしても無駄だった。

25 あべこべ

1 新聞に載ったおかげであべこべから寄付が集まった。

2 子どもをあまりあべこべしないほうがいいですよ。

3 今日はとてもあべこべな天気で、どこにも行きたくない。

4 子どもは靴をあべこべにはいていた。

問題5　次の文の（　　　）に入れるのに最もよいものを、1・2・3・4から一つ選びなさい。

26　本当に面白いものがあるんですよ。今から（　　　）。　👑👑👑

　　1　拝見させましょう　　　　　　　　　2　お見せいただきましょう

　　3　お目にかかりましょう　　　　　　　4　ご覧に入れましょう

27　今度の会議では、景気回復に向けてわが社（　　　）対策を発表する予定です。　👑👑👑

　　1　かぎりに　　　　　2　をはじめ　　　　　3　にして　　　　　4　なりの

28　重大な事故を起こしたのだから、彼は今回の問題の責任を（　　　）だろう。　👑👑👑

　　1　取るに堪えない　　　　　　　　　2　取らずにはおかない

　　3　取ってやまない　　　　　　　　　4　取らずにはすまない

29　祖父の家でほこり（　　　）古いアルバムを見つけた。　👑👑👑

　　1　ずくめになった　　　　　　　　　2　まみれになった

　　3　とあいまった　　　　　　　　　　4　に堪えた

30　その件なら、私たちがよく（　　　）ので、ご心配には及びません。　👑👑👑

　　1　ご存知です　　　　　　　　　　　2　存じております

　　3　存じいたしております　　　　　　4　ご存知でいらっしゃいます

31　その国の人たちは、貧しい（　　　）平和な日々を送っています。　👑👑👑

　　1　ものだから　　　　2　ようでいて　　　　3　からといって　　　4　ながらも

32 私はごく当然のことをしたまでですから、（　　　）。 ♚♚♚

　1　感謝していただくまでもありません

　2　感謝されないものでもありません

　3　感謝されずにはおきません

　4　感謝されないといったらありません

33 いくら親友に頼まれても、できない（　　　）と伝えたほうがいい。 ♚♚♚

　1　ものでもあるまい　　　　　　　　2　にかたくない

　3　ものはできない　　　　　　　　　4　には及ばない

34 親の心配を、知ってか（　　　）、彼はまったく勉強しない。 ♚♚♚

　1　知るか　　　　　2　知らずか　　　　3　いるか　　　　　4　ないか

35 いろんなサイトを探して最安値を見つけたが、（　　　）少し不安になる。 ♚♚♚

　1　安くても安くなくても　　　　　　2　安いが安くなかろうが

　3　安かったら安かったで　　　　　　4　安いや安くないやら

問題6　次の文の　★　に入る最もよいものを、1・2・3・4から一つ選びなさい。

(問題例)

あそこで ＿＿＿＿ ★ ＿＿＿＿ ＿＿＿＿ は鈴木さんです。

　　1　新聞　　　2　読んでいる　　　3　を　　　4　人

(解答のしかた)

1. 正しい文はこうです。

あそこで ＿＿＿＿ ★ ＿＿＿＿ ＿＿＿＿ は鈴木さんです。

　　　　　1　新聞　　3　を　　2　読んでいる　　4　人

2. ★ に入る番号を解答用紙にマークします。

(解答用紙)　(例)　① ② ● ④

36 息子は学校の生徒会長に ＿＿＿＿ ＿＿＿＿ ★ ＿＿＿＿、何事にも責任感を持つようになりました。

　　1　から　　　　　　2　選ばれて　　　　3　という　　　　4　もの

37 これは一部の結果にすぎないので、実際の ＿＿＿＿ ★ ＿＿＿＿ ＿＿＿＿ かたくない。

　　1　上回ることは　　2　さらに　　　　3　数が　　　　　4　想像に

38 駅前で ＿＿＿ ＿＿＿ ★ ＿＿＿ 常にタクシーが待っている。 👑👑👑

1 までも 　　2 なく 　　3 あれば 　　4 呼ぶ

39 連絡が遅くなって申し訳ありませんでした。電話が ＿＿＿ ★ ＿＿＿ ＿＿＿ んです。 👑👑👑

1 連絡できなかった 　　　　2 つながらなくて

3 にも 　　　　　　　　　4 連絡しよう

40 社長はスピーチで、社員の ＿＿＿ ＿＿＿ ★ ＿＿＿ であると謙虚におっしゃっていた。 👑👑👑

1 あって 　　2 成果 　　3 こその 　　4 協力

問題7 次の文章を読んで、文章全体の趣旨を踏まえて、[41] から [45] の中に入る最もよいものを、1・2・3・4から一つ選びなさい。

「キラキラネーム」とは、常用漢字にない読み方をしたり、外国語由来の単語に漢字をあてたりする、珍奇な名前の総称である。1990年代半ばから増加したといわれているが、読み方がわからず名前の役割を果たしていない、ふざけている、親の学力の低さを表しているなど、否定的に捉えられ [41] である。しかし、読み [42] 珍しい名前の歴史は古代にまでさかのぼることができる。また、戸籍上の氏名をどのような読みにするかについての法的制限は基本的にないため、キラキラネームを親の学力に結びつけて批判するのは、少々行き過ぎだろう。

キラキラネームへの批判はむしろ、その名前を持って生きねばならない子どもの気持ちをめぐって行われるべきである。とりわけ、悪い意味を持つ文字を使って名前をつける親たちは一体どういうつもりなのか。将来、名前をバカにされる、正しく読まれない、就職活動でデメリットになるなど、社会的な不利益を被る可能性があるばかりでなく、名前を恥じて自分を [43] 受け入れられなくなってしまう子どももいるという。

日本では15歳以上になれば親の同意がなくても改名を認めているが、望まない名前で少なくとも15年を生きる子どもの心境はいかばかりだろうか。個人的な好みや思いつきで子どもの将来を考えずに命名を行う親は、批判され [44] 。子どもを苦しめる親の身勝手な行動は、児童虐待 [45] 。子どもが「キラキラ」とした人生を過ごせるように、親権者^(注)には賢明な判断が求められる。

（注）親権者：未成年の子に対して有する権利と義務を行う者

41

1 がち　　　　2 次第　　　　3 末　　　　4 つつ

42

1 たる　　　　2 がてら　　　　3 にたえない　　　4 づらい

43

1 あるとばかりに　　　　　　2 あるがままに
3 あるだけに　　　　　　　　4 あるながらに

44

1 てやまないだろう　　　　　2 てしかるべきだろう
3 てたまらないだろう　　　　4 てはかなわないだろう

45

1 にたえる　　　　2 に至る　　　　3 にあたらない　　　4 にほかならない

(1)　　　　　　　　　　　　　　　　　　　　　　　　　　　　　👑👑👑

　翻訳とは原文を他の言語に置き換えて表すことです。しかし一語一句違わず直訳した文章は違和感があり、原文のニュアンスが伝わらないものがほとんどです。それは、言語によって文法や単語はもちろん、使用している地域の文化も異なるのに、それら全てを無視して翻訳してしまうからだと言えます。

　優れた翻訳を生み出すためには、「原文が伝えようとする情報を、他の言語で再構成する」ことが最も重要です。そのためには原文の言語と翻訳対象となる言語、二言語に対する高い語学力が必要となります。

46　優れた翻訳について当てはまるものはどれか。
　1　優れた翻訳とはすなわち直訳ではない。
　2　優れた翻訳は翻訳する言語の文化や思想を無視しても十分できる。
　3　一語一句違わず文字を置き換えたものが優れた翻訳である。
　4　優れた翻訳は原文に対する語学力さえあれば可能である。

東西日本建設株式会社

総務部　田中様

拝啓

貴社ますますご清栄のことと心からお喜び申し上げます。

平素は格別のご厚情を賜り、厚く感謝いたしております。

さて、先日は千葉工場を見学させていただき誠にありがとうございました。中途採用の社員の一日も早い業務習得に工場見学が有効と考えましたが、田中様はじめ工場長の鈴木様のご尽力のおかげで、予想以上の効果があったと思われます。

お忙しい中、大変ご丁寧なご案内を頂き、重ねて御礼申し上げます。

今後とも引き続きご指導下さいますよう、よろしくお願い申し上げます。

敬具

株式会社丸井ガラス

営業部　竹井

47　この文書で最も伝えたいことは何か。

1　社員教育に工場見学が欠かせないこと

2　中途社員は早く業務を覚えなければならないこと

3　工場の協力のおかげで社員教育がうまくいったこと

4　社員の教育には大変な苦労があること

（3）　　　　　　　　　　　　　　　　　　　　　　　　　　　　　　♛ 👑 👑

　読書や文章創作などが趣味の女の子を「文学少女」といいます。この言葉のルーツは、戦前の女学生にあるとされています。明治時代に初めて女学校が設立され、勉学に励み本や新聞を読むインテリの最先端にいた少女を「文学少女」と呼んだのです。

　この「文学少女」ですが、時代の流れと共に言葉の持つイメージが変わってきました。最初は積極的に知識を取り入れていく「先進的」「都会的」なイメージでしたが、恋愛や友情をテーマにした少女小説がブームになると「ロマンチック」、そして現代では「古風」「地味」といったイメージが加わるようになりました。

48　この文章の内容と合っているものはどれか。

　1　「文学少女」に対するイメージは今も昔も同じだ。

　2　現代において「文学少女」といえば活発で積極的な女の子を思い浮かべる。

　3　時代の変化につれて「文学少女」が持つイメージが変わってきている。

　4　戦前の女学生たちは皆、本や新聞を読むのが苦手だった。

(4)　　　　　　　　　　　　　　　　　　　　　　　　　　　　　　　👑👑👑

　叙述者とは、物語を理解しやすいように説明し補足する役目を果たす物語の中の人物のことです。ナレーター、語り手ともいいます。叙述者＝作者という決まりはなく、作者によって造られた虚構の人物の場合も多々あります。また叙述者は、真実だけを語らなければならないという決まりもありません。時には読者を欺き、事実を誇張し読者を惑わす叙述者の登場は、物語を一層面白いものにしてくれます。

　このような叙述者を「信頼できない語り手」といいます。

49　叙述者について当てはまるものはどれか。

　1　叙述者は必ず作者でなければならない。

　2　叙述者は必ず真実だけを語らなければならない。

　3　「信頼できない語り手」とは、読者を惑わす叙述者のことをいう。

　4　「信頼できない語り手」が登場すると、その物語は面白くなくなる。

問題9　次の(1)から(3)の文章を読んで、後の問いに対する答えとして最もよいものを、
　　　　1・2・3・4から一つ選びなさい。

(1)　　　　　　　　　　　　　　　　　　　　　　　　　　　　　　👑👑👑

　和食というと、低カロリーで栄養豊富なイメージが定着している。その歴史は長いが、その中でも「発酵食品」は豊かな発展を続けてきた。

　和食の特徴の一つともいえる「発酵」という技術は、微生物が栄養素として体内に取り込んだ有機物(注1)を、酸素を使わずに分解することである。この発酵の過程を経て生成された有機物が、人間に有益な効果をもたらすのである。これは、日本の高温多湿の気候により腐りやすい食品を長持ちさせるための技術でもあった。

　醤油や味噌、みりん、酢などは発酵によって造られるものであり、納豆や日本酒なども発酵食品の代表例である。日本酒は、蒸した米をコウジカビが糖化(注2)し、酵母(注3)によりアルコール発酵され出来上がる。コウジカビはいわば、酵母の働きを助ける役である。日本の発酵食品にはこのコウジカビが多用される。これは、米、麦などの穀物に繁殖する糸状菌(注4)の一種で、日本酒や味噌を造るアスペルギルス・オリゼー、醤油を造るアスペルギルス・ソーヤ、焼酎を造るアスペルギルス・ルチエンシスなどがある。発酵食品は、現代では伝統や健康といった面だけでなく、「バイオ化学」としても研究され、医薬品や化学製品の開発にも貢献している。

(注1)　有機物：炭素を含む化合物
(注2)　糖化：ブドウ糖がたくさんつながってできたデンプンを最小単位のブドウ糖に分
　　　　　　　解すること
(注3)　酵母：真核生物（核を持つ細胞）のうち、真菌類にあたるもの
(注4)　糸状菌：菌糸と呼ばれる糸状の細胞から構成されている微生物

50 発酵がもたらすメリットとして正しくないものはどれか。

1 食材の新鮮さを保つことができる。

2 発酵の過程で人々に有益な成分をつくり出す。

3 医薬品や化学製品の開発に役立つ。

4 保存できる期間が長くなる。

51 発酵食品が誕生したのはなぜか。

1 湿気の多い日本ではよく食品にカビが生えるが、これを防ぐため。

2 食品を日本の気候風土に合わせ長持ちさせるため。

3 医薬品の研究のため。

4 カビから味噌を作るため。

52 この文章からわかるコウジカビの役割は何か。

1 酵母の働きを助けるため、デンプンとタンパク質をつなげる。

2 酵母の働きを助けるため、デンプンをブドウ糖に変える。

3 酵母の働きを助けるため、ブドウ糖をデンプンに変える。

4 酵母の働きを助けるため、ブドウ糖とタンパク質をつなげる。

(2)　　　　　　　　　　　　　　　　　　　　　　　　　　♔♔♔

　日本語はしばしば、ハイコンテクストな言語だと言われる。ハイコンテクストとは、コミュニケーションにおいて言葉以外の意味に重きを置く文化のことで、これに対し、言葉自体に重きを置く文化をローコンテクストといい、英語がその代表例とされる。

　ハイコンテクストな文化は、価値観や知識、体験、感覚といった文脈や背景、すなわちコンテクストの共有性に大きく依存する。そのため、<u>多くを語らずとも相手の意図や気持ち、考え方を察することができ</u>①、直接的でない遠回しな表現が好まれる。一方、ローコンテクストな文化では、コミュニケーションはほぼ言語に依存するため、言語で表現された内容が高い価値を持つ。直接的で単純かつシンプルな誤解を生まない表現を好むため、推測しなければわからないような話し方は伝達側の<u>努力不足とみなされる</u>②。とはいえ、これらの違いは外国人とのやりとりに限ったことではない。日本人同士でも、世代や地域の差によって、ハイコンテクストとローコンテクストの違いを感じることもある。異なる基盤を持つ者同士が会話する際には、お互いが理解しやすいように話す努力が求められる。

53 ①多くを語らずとも相手の意図や気持ち、考え方を察することができるのはなぜか。

1　共通のコンテクストを作ろうという努力をするから。

2　共通のコンテクストを持っているから。

3　直接的で解りやすい表現を使うから。

4　一言で気持ちを理解できる単語や表現が多いから。

54 ②努力不足とみなされるのはなぜか。

1　世代や地域の差を考慮した話し方でないから。

2　シンプルかつ明瞭な話し方でないから。

3　コンテクストを無視した話し方だから。

4　遠回しな表現を使わない話し方だから。

55 この文章で筆者が伝えたかったことは何か。

1　伝達側は、「推測する」という楽しみを相手側に提供する努力が必要である。

2　英語においてもハイコンテクストを意識した会話づくりが大切となってくる。

3　コンテクストが異なる場合、誤解をうまない会話づくりに努めることが大切だ。

4　日本人が英語圏の人と会話が弾まない理由はこのコンテクストの差のせいである。

(3) ♕ ♕ ♕

　日本人には独特な美意識や感性がある。それは、大きく壮大なものより、小さくこぢんまりとした愛らしいものに対して感じる「美」である。大自然を縮小し投影した日本庭園や草木を小さな鉢の中で育てる盆栽などはその代表的な例である。また、文学においては「一寸法師」や「かぐや姫」など小さい主人公が活躍する物語が多々あり、詩を17字に短縮した俳句もこの傾向の一つとして考えられるだろう。そして、街の所々で見られるミニュチュア模型、子どもが遊ぶ人形やドールハウスなどもこの小さいもの好きの象徴である。

　このように、日本人は小さいものに対して愛着のある民族である。しかし、こうなった理由については、明白な論文や証言がない。筆者個人の一見解だが、これは仏教思想に基づく繊細な精神が生んだ賜物といえるのではないだろうか。日本人は「無常」、すなわち移り変わる自然に対し、はかなさと美しさを見出してきた。そして自然に対する感受性が鋭いが故に、その移り変わる一瞬の美しさを小さくして残そうとしたのではないだろうか。これはあくまで憶測にすぎないが、日本人の独特で神秘的な精神世界を考えると、あながち間違いでもないような気がする。

56 この文章における日本の美意識とは何か。

1 小さく繊細なものに美しさを感じるという感覚

2 文学作品に自然の美しさを反映するという感覚

3 巧妙な技術のみが美しいと考える感覚

4 自然に対して愛着を持たなければならないと考える感覚

57 <ruby>賜物<rt>たまもの</rt></ruby>が指しているものは何か。

1 大自然を真似て小さくした箱庭や庭園のこと

2 小さいものに対する感性や愛着のこと

3 日本の家電メーカーが作った小さく改良された製品のこと

4 繊細な精神世界のこと

58 筆者の考えと合わないものはどれか。

1 日本人は小さく繊細なものに愛着を感じる。

2 すべてのものは移り変わるため、そのはかなく美しい一瞬を小さく保存し記念した。

3 日本人には本来、小さいものに価値を見出す本能がある。

4 日本人の精神世界は独特で神秘的である。

問題10 次の文章を読んで、後の問いに対する答えとして最もよいものを、１・２・３・４から一つ選びなさい。 ♛♛♛

　アスベスト（石綿）の健康被害に対する国の対策は、あまりに遅かった。権限の不行使といえる。最高裁は判決で国やメーカーの賠償責任を認めた。元労働者たちの命あるうちに救済をすべきだ。

　耐火性や耐熱性に優れたアスベストは、安価な断熱材として使われた。戦後の高度成長期に大量輸入され、約八割が建材に使用されたといわれる。

　だが、呼吸障害を引き起こす石綿肺や中皮腫、肺がんなどの健康被害をもたらす原因物質でもあった。長い潜伏期間から「静かな時限爆弾」とも呼ばれた。

　戦前からアスベストの健康被害は問題になり、一九七二年には世界保健機関（WHO）などが発がん性を指摘した。欧州では段階的に使用禁止となった。

　ところが国内では七四年に輸入量がピークに達し、被害も拡大した。七五年にアスベストの吹き付け作業などを禁じたものの、製造・使用が原則的に禁止されたのは二〇〇四年のことだ。国の対応は後手後手に回った。

　最高裁はこの間、国が規制権限を行使しなかったことを「違法状態」と断じた。重篤な健康被害の危険性の周知もさまざまな規制も可能だったはずだ。それゆえ最高裁は国の無策を「著しく合理性を欠く」と指弾したのだ。

　労働法令では「労働者」とみなされない個人事業主である「一人親方」についても、労働者と同様に「保護」の対象であると判決は明言した。当然である。

　どのメーカーの建材が被害を起こしたか特定できなくとも、一定の条件でメーカーに対する賠償責任も認めた。労働者は多くの建設現場で働くため、現実的な目で司法が判断したといえる。

　問題なのは、今回の原告約五百人のうち、元労働者の七割が既に死亡していることだ。苦しみつつ無念の日々を送ったことだろう。一刻も早い救済が求められるのはもはや明白である。

　元労働者の大半は労災認定されているものの、現在の被害救済制度では、医療費や月約十万円の療養手当が給付されるにとどまる。重い障害などに悩まされる被害者たちの要望とは隔たっているのが現状なのだ。

　与党のプロジェクトチームは、国が支払う和解金を一人最大千三百万円との案をまとめ

たが、全国規模の原告数は約千二百五十人。未提訴の人も多い。被害者らが納得できる救済制度の早期創設がせめてもの国の務めだ。

『〈社説〉アスベスト判決　命あるうちの救済へ』東京新聞 web 2021年5月18日

59 アスベストの説明として正しくないものはどれか。

1 日本では1974年に使用が禁止された。

2 かつて安い断熱材として使われた。

3 戦後の高度成長期にたくさん使われた。

4 WHO により発がん性が指摘された。

60 最高裁の判決として正しいものはどれか。

1 メーカー特定ができた場合のみ賠償責任を認める。

2 「一人親方」は「労働者」ではなく保護の対象ではない。

3 アスベストの規制権限が遅れたことは責めなかった。

4 国とメーカーの賠償責任を認め原告側が勝った。

61 原告側の現状として正しいものはどれか。

1 重い障害に悩まされている人は少ない。

2 原告側は判決前から十分手当が支給されている。

3 原告のうち、70%の元労働者が既に亡くなっている。

4 現在原告側には一切手当が給付されていない。

62 筆者の考えと合っているものはどれか。

1 時間がかかっても納得いく救済制度を創るべきだ。

2 元労働者が生きているうちに救済するべきだ。

3 最高裁の国とメーカーに対する判決はおかしい。

4 現在の被害救済制度の手当で充分である。

問題11　次のＡとＢの文章を読んで、後の問いに対する答えとして最もよいものを、1・2・3・4から一つ選びなさい。　👑👑👑

ブラック校則

A

　ブラック校則とは、常識的におかしい、理不尽な学校のルールを指し示す言葉だが、ここ数年、新聞等のメディアで注目されている。その一例としては、地毛が黒ではない学生にも黒髪を強要する、下着の色を指定する、登下校中の水分補給禁止など、学校によってさまざまである。校則を制定した当時は適切だと考えられていたものもあるのだろうが、今の時代には合わず、それを強要することで人権や子どもの心を傷つける。子どもの健全な成長を妨げるようなブラック校則は早急に廃止されるべきである。

B

　ブラック校則とは、社会的におかしいと考えられている、理不尽な学校のルールである。おかしいと思いつつも従っている学生も多数いる。以前、地毛が黒髪ではないにもかかわらず、教師から無理やり黒髪にさせられたという記事を見たことがある。校則が一概に悪いと考えているわけではない。むしろ規則を守ることを学ぶというのも教育上意味のあることだと考えている。しかし、校則とは教育学的に意味があるものでなければならず、理由もなく理不尽に学生に押し付けるべきものではないだろう。なぜその規則があるのか、それは本当に学生の将来に役立つものなのか、教育にかかわる全ての人に今一度考えてもらいたいものである。

63 ブラック校則に関して、AとBの意見として共通しているものはどれか。

1 校則とは学生を縛るものなので、廃止されるべきだ。

2 学生のためにならない校則を強要してはいけない。

3 ブラック校則には規則を守ることを学ぶという教育上の意味が含まれている。

4 教師は校則について、もう一度考えるべきである。

64 AとBどちらの文章でも触れられている点は何か。

1 ブラック校則とはすべての学校にある理不尽な校則の事である。

2 ブラック校則には髪の色を強要する校則も含まれる。

3 校則の中には、教育上意味のある校則もある。

4 ブラック校則はメディアでたびたび取り上げられている。

問題12 次の文章を読んで、後の問いに対する答えとして最もよいものを、1・2・3・4から一つ選びなさい。 ♛♛♛

　月とその月光とが、古来詩人の心を強く捉え、他の何物にもまして好個の詩材とされた(注1)のは、その夜天の空に輝く灯火が、人間の向火性を刺激し、本能的なリリシズムを詩情させたことは疑いない。西洋の詩では、月と共に星が最も多く歌われているが、それもやはり同じ理由に基づくのである。日本の漢詩人頼山陽は、少年の時に星を見て泣いたといわれるが、おそらくその少年の日に、星を見て情緒を動かさなかった人は、すくなくとも文学者の中にはないであろう。星は月よりも光が弱く、メランコリックな青白い銀光がない。しかし月よりも距離が遠く、さらになお無限の遠方にあるということから、一層及びがたい思慕の郷愁を感じさせる。そして「この及びがたいものへの思慕」ということは、それ自体が騎士道のプラトニック・ラブと関連している。西洋の抒情詩に月よりも星のほうが多く、星がそれ自ら恋愛の表象とさえなっているのはこの故である。

　しかし日本でも、平安朝時代の貴族文化には、西洋の騎士道とやや類似したものがあった。当時の知識人や武士たちは、自分より身分階級の高い所の、所謂「やんごとなき」貴族①の姫君等に対して、心ひそかに思慕の恋情を寄せ、騎士道的崇拝に似たフェミニズムを満足させていた。おそらく彼等は、その恋が到底及ばぬものであり、身分ちがいの果敢ない(注2)ものであるということを、自ら卑下して意識することで、一層哀切にやるせないリリシズムを痛感し、物のあわれの行きつめた悲哀の中に、自らその詩操を培養していたであろう。(注3)それ故に日本歌史上において、月の歌が最も多く詠まれているのは、実に当時の平安朝時代であった。特にそうした失恋の動機によって、山野に漂泊したといわれる西行には、就②中月の歌が極めて多く、かつそれが皆哀切でやるせないフェミニストの思慕を訴えている。(注4)

　かくの如く、月は昔の詩人の恋人だった。しかし近代になってから、西洋でも日本でも、月の詩がはなはだ少なくなった。近代の詩人は、月を忘れてしまったのだろうか。思うに③それには、いろいろな原因があるかも知れない。あまりに数多く、古人によって歌い尽されたことが、その詩材をマンネリズムにしたことなども、おそらく原因の一つであろう。騎士道精神の衰退から、フェミニズムやプラトニック恋愛の廃ったことなども、同じくその原因の中に入るかも知れない。さらに天文学の発達が、月を疱瘡面の醜男にし、天女の住む月宮殿の連想を、荒涼たる没詩情のものに化したことなども、僕等の時代の詩人が、月へのエロスを失ったことの一理由であるかも知れない。しかしもっと本質的な原因は、

近代における照明科学の進歩が、地上をあまりに明るくしすぎた為である。

萩原朔太郎『月の詩情』より一部改変（青空文庫 https://www.aozora.gr.jp）

（注１）好個：適当なこと。ちょうどよいこと

（注２）果敢ない：かなえられることがない

（注３）培養：育てること。人工的に生育・増殖させること

（注４）就中：その中でも特にとりわけ

65 筆者は月や星をどのような存在と言っているか。

1 暗い夜には欠かせない存在

2 本能的なリリシズムを刺激する存在

3 他の何ものにも代えがたい存在

4 向火によって勢いをおさえる存在

66 ①「やんごとなき」の説明に当てはまるものはどれか。

1 高貴な身分である　　　　　　　　2 騎士道精神がある

3 文化的である　　　　　　　　　　4 知識人である

67 ②そうした失恋の動機に当てはまるものはどれか。

1 山野を旅して恋人に会えなくなったこと

2 月の歌ばかりを作って評価されなかったこと

3 貴族の姫君の姿を見て満足していたこと

4 身分違いのかなわぬ恋をしたこと

68 ③近代の詩人は、月を忘れてしまったのだろうかとあるが原因として当てはまらないものはどれか。

1 古くから数多く作られていて新鮮さがなくなってきたから。

2 天文学の発達で神秘的な連想をしづらくなったから。

3 フェミニズムやプラトニックな恋愛が増えてきたから。

4 照明科学の進歩が地上を明るくしすぎているから。

問題13　右のページは、自治体の保育施設の案内である。下の問いに対する答えとして
　　　　最もよいものを１、２、３、４から一つ選びなさい。👑👑👑

69　佐藤さん夫婦が５歳の息子の一時預かり保育を利用するにあたって、保育施設の利
　　用条件として正しいのはどれか。

　　１　食物アレルギーのある子どもは預かってもらえない。

　　２　一人っ子の子どもだけが預かってもらえる。

　　３　16時を越えては原則、預かってもらえない。

　　４　利用者の状況は考慮されず全員が有料である。

70　田中さんは小学生の息子の授業参観に出席するため、２歳の双子の娘の一時預かり
　　を３時間依頼することにした。料金はいくらになるか。

　　１　3,100円

　　２　2,100円

　　３　2,200円

　　４　1,700円

子育て中の皆さんを応援します！
一時預かり保育のお知らせ

もみじが丘市では公立の保育施設で一時預かり事業を行っています。保護者の方の急な病気や怪我、就職の準備、兄弟姉妹の学校行事の付き添い、冠婚葬祭など、困った時にはぜひご相談ください。

利用について
・利用可能日数：1か月あたり14日まで（1日・半日利用）
・利用時間：8:00 〜 16:00
　※お迎えは16:00。やむを得ず、お迎えの時間が遅れる場合は事前にご相談ください。
・予約受付時間：8:30 〜 17:00（利用日の2週間前から）
・予約方法：電話

利用料金

一時預かり事業所	3歳未満	3歳以上
1日利用	2,200（1,100）円	1,700（900）円
半日【6時間未満】利用	1,100（600）円	900（500）円

※兄弟姉妹で同日同時間帯に利用する場合は、最年長児童が全額、その他の児童が（　　）内の料金になります。
※生活保護世帯は無料となりますので申し出てください。
※料金は前払いです。

保護者の方が用意するもの
・着替え：上下（下着も含めて）2〜3組
・食事用品：はし・フォーク・スプーンなど普段使い慣れているもの
・昼寝用品：布団（緊急的な利用の場合、保育施設へ問い合わせてください）
・その他：ティッシュペーパー、ハンドタオル、ビニール袋を2枚程度
・3歳以上は「ごはん」を弁当箱に入れて来てください。

お願い
・持ち物にはすべて名前を書いてください。
・食事アレルギーのある児童、健康面で配慮の必要な児童は、申し込み時（予約時）に教えてください。
・予約は早めにお願いします。
・キャンセルする場合は、必ず前日までに電話連絡をしてください。

お問い合わせ
もみじが丘市子育て支援グループ
電話：00-6666-1111

通し聞き用音声
🎧 MP3 N1-2-42

N1
聴解
（55分）

注　意
Notes

1. 試験が始まるまで、この問題用紙を開けないでください。
   Do not open this question booklet until the test begins.

2. この問題用紙を持って帰ることはできません。
   Do not take this question booklet with you after the test.

3. 受験番号と名前を下の欄に、受験票と同じように書いて
   ください。
   Write your examinee registration number and name clearly in each box below as
   written on your test voucher.

4. この問題用紙は、全部で12ページあります。
   This question booklet has 12 pages.

5. この問題用紙にメモをとってもかまいません。
   You may make notes in this question booklet.

受験番号　Examinee Registration Number	
名　前　Name	

問題1

🎧 MP3 N1-2-01

問題1では、まず質問を聞いてください。それから話を聞いて、問題用紙の1から4
の中から、最もよいものを一つ選んでください。

れい
例 🎧 MP3 N1-2-02

1　友人に連絡をする

2　金額を決める

3　スタンドライトを買う

4　人気の家電を調べる

1番 🎧 MP3 N1-2-03 👑👑👑

1 修理サービスセンターに行く
2 サポート予約に電話して予約をする
3 オンライン予約をする
4 担当者に連絡し、修理に来てもらう

2番 🎧 MP3 N1-2-04 👑👑👑

1 苦情が来たことについて管理人に相談する
2 カーペットを敷いて足音が響かないようにする
3 夜中まで友達と大騒ぎすることをやめる
4 イヤホンをつけて音楽を聞くようにする

3番 🎧 MP3 N1-2-05　　👑👑👑

1 珍しい料理に挑戦する
2 週末だけ出前を頼む
3 料理の本を借りる
4 電子レンジを買う

4番 🎧 MP3 N1-2-06　　👑👑👑

1 参加する人数を確認する
2 会場代と食事代を徴収する
3 アレルギーの有無を確認する
4 ドレスコードを伝える

5番 🎧MP3 N1-2-07 👑👑👑

1 トイレの水を何度か流してみる

2 何も触らないで業者の人を待つ

3 タンクの中に水を入れる

4 便器の中の詰まりを取る

問題2

もんだい

🎧MP3 N1-2-08

問題2では、まず質問を聞いてください。そのあと、問題用紙のせんたくしを読んでください。読む時間があります。それから話を聞いて、問題用紙の1から4の中から、最もよいものを一つ選んでください。

例
れい

🎧MP3 N1-2-09

1　ルール厳守を徹底しトラブルを未然に防ぐこと

2　異なる考え方を相手に理解させること

3　異なる価値観を認めること

4　入居者全員で規則を決め直す柔軟性を持つこと

聴解

第2回

1番 🎧 MP3 N1-2-10 ♛♛♛

1 迫力があって壮大な点

2 クラシック音楽ではない点

3 ゲームのサウンドトラックを演奏する点

4 聞きたい曲を楽しめる点

2番 🎧 MP3 N1-2-11 ♛♛♛

1 寒さをやわらげるため

2 部屋の乾燥を防ぐため

3 部屋の湿度を減らすため

4 のどの痛みを治療するため

3番 🎧 MP3 N1-2-12　　👑👑👑

1　英語を生かしたいから
2　広い知識を身につけられるから
3　やりがいを感じられるから
4　個人の能力を尊重する傾向があるから

4番 🎧 MP3 N1-2-13　　👑👑👑

1　試験の結果を知ること
2　親に怒られること
3　終電に乗れないこと
4　酒に酔っぱらうこと

聴解

第2回

5番 🎧MP3 N1-2-14 👑👑👑

1 仕事を書き出して、先にやるべきことを決める
2 頭の中にひらめいたアイデアを紙に書き出す
3 業務について先輩に相談する
4 わからないことから優先して取り組む

6番 🎧MP3 N1-2-15 👑👑👑

1 予防接種を受けること
2 点滴を打つこと
3 予防接種の効果がないこと
4 錠剤を飲むこと

もんだい
問題3

🎧 MP3 N1-2-16

問題3では、問題用紙に何も印刷されていません。この問題は、全体としてどんな内
容かを聞く問題です。話の前に質問はありません。まず話を聞いてください。それから、
質問とせんたくしを聞いて、1から4の中から、最もよいものを一つ選んでください。

れい
例
🎧 MP3 N1-2-17

ばん
1番
🎧 MP3 N1-2-18
♛♕♕

ばん
2番
🎧 MP3 N1-2-19
♛♛♕

ばん
3番
🎧 MP3 N1-2-20
♛♛♛

ばん
4番
🎧 MP3 N1-2-21
♛♛♕

ばん
5番
🎧 MP3 N1-2-22
♛♛♛

― メモ ―

問題4

🎧 MP3 N1-2-23

問題4では、問題用紙に何も印刷されていません。まず文を聞いてください。それから、それに対する返事を聞いて、1から3の中から、最もよいものを一つ選んでください。

れい
例　🎧 MP3 N1-2-24

ばん
1番　🎧 MP3 N1-2-25　👑👑👑

ばん
2番　🎧 MP3 N1-2-26　👑👑👑

ばん
3番　🎧 MP3 N1-2-27　👑👑👑

ばん
4番　🎧 MP3 N1-2-28　👑👑👑

ばん
5番　🎧 MP3 N1-2-29　👑👑👑

ばん
6番　🎧 MP3 N1-2-30　👑👑👑

ばん
7番　🎧 MP3 N1-2-31　👑👑👑

ばん
8番　🎧 MP3 N1-2-32　👑👑👑

ばん
9番　🎧 MP3 N1-2-33　👑👑👑

ばん
10番　🎧 MP3 N1-2-34　👑👑👑

ばん
11番　🎧 MP3 N1-2-35　👑👑👑

聴解

第2回

問題5

問題5では、長めの話を聞きます。この問題には練習はありません。
問題用紙にメモをとってもかまいません。

1番　🎧 MP3 N1-2-37　👑👑

2番　🎧 MP3 N1-2-38　👑👑

問題用紙に何も印刷されていません。まず話を聞いてください。それから、質問とせんたくしを聞いて、1から4の中から、最もよいものを一つ選んでください。

— メモ —

3番 🎧 MP3 N1-2-39·40

まず話を聞いてください。それから、二つの質問を聞いて、それぞれ問題用紙の1から4の中から、最もよいものを一つ選んでください。

質問1

1 冷蔵庫の容量
2 扉の開き方
3 スマホのアプリ対応
4 冷凍室の大きさ

質問2

1 冷蔵庫の容量
2 扉の開き方
3 スマホのアプリ対応
4 冷凍室の大きさ

N1 言語知識（文字・語彙・文法）・読解

JLPTリアル模試 N1 解答用紙【第2回】

受験番号 Examinee Registration Number

名前 Name

〈ちゅうい Notes〉

1. くろいえんぴつ(HB、No.2)でかいてください。
Use a black medium soft (HB or No.2) pencil.
（ペンやボールペンではかかないでください。）
(Do not use any kind of pen.)
2. かきなおすときは、けしゴムできれいにけしてください。
Erase any unintended marks completely.
3. きたなくしたり、おったりしないでください。
Do not soil or bend this sheet.
4. マークれい Marking Examples

よいれい Correct Example	わるいれい Incorrect Examples
●	⊘ ⊗ ○ ◑ ⊙ ◯

問題 1
1 ① ② ③ ④
2 ① ② ③ ④
3 ① ② ③ ④
4 ① ② ③ ④
5 ① ② ③ ④
6 ① ② ③ ④

問題 2
7 ① ② ③ ④
8 ① ② ③ ④
9 ① ② ③ ④
10 ① ② ③ ④
11 ① ② ③ ④
12 ① ② ③ ④
13 ① ② ③ ④

問題 3
14 ① ② ③ ④
15 ① ② ③ ④
16 ① ② ③ ④
17 ① ② ③ ④
18 ① ② ③ ④
19 ① ② ③ ④

問題 4
20 ① ② ③ ④
21 ① ② ③ ④
22 ① ② ③ ④
23 ① ② ③ ④
24 ① ② ③ ④
25 ① ② ③ ④

問題 5
26 ① ② ③ ④
27 ① ② ③ ④
28 ① ② ③ ④
29 ① ② ③ ④
30 ① ② ③ ④
31 ① ② ③ ④
32 ① ② ③ ④
33 ① ② ③ ④
34 ① ② ③ ④
35 ① ② ③ ④

問題 6
36 ① ② ③ ④
37 ① ② ③ ④
38 ① ② ③ ④
39 ① ② ③ ④
40 ① ② ③ ④

問題 7
41 ① ② ③ ④
42 ① ② ③ ④
43 ① ② ③ ④
44 ① ② ③ ④
45 ① ② ③ ④

問題 8
46 ① ② ③ ④
47 ① ② ③ ④
48 ① ② ③ ④
49 ① ② ③ ④

問題 9
50 ① ② ③ ④
51 ① ② ③ ④
52 ① ② ③ ④
53 ① ② ③ ④
54 ① ② ③ ④
55 ① ② ③ ④
56 ① ② ③ ④
57 ① ② ③ ④
58 ① ② ③ ④

問題 10
59 ① ② ③ ④
60 ① ② ③ ④
61 ① ② ③ ④
62 ① ② ③ ④

問題 11
63 ① ② ③ ④
64 ① ② ③ ④

問題 12
65 ① ② ③ ④
66 ① ② ③ ④
67 ① ② ③ ④
68 ① ② ③ ④

問題 13
69 ① ② ③ ④
70 ① ② ③ ④

N1 聴解

JLPTリアル模試 N1 解答用紙【第2回】

受 験 番 号
Examinee Registration
Number

名 前
Name

〈ちゅうい Notes〉

1. くろいえんぴつ(HB、No.2)でかいてください。
Use a black medium soft (HB or No.2) pencil.

（ペンやボールペンではかかないでください。）
(Do not use any kind of pen.)

2. かきなおすときは、けしゴムできれいにけして
ください。
Erase any unintended marks completely.

3. きたなくしたり、おったりしないでください。
Do not soil or bend this sheet.

4. マークれい Marking Examples

よいれい Correct Example	わるいれい Incorrect Examples
●	⊘ ◯ ◯ ◯ ⊙ ◑ ◐

問題 1

例	①	②	●	④
1	①	②	③	④
2	①	②	③	④
3	①	②	③	④
4	①	②	③	④
5	①	②	③	④

問題 2

例	①	●	③	④
1	①	②	③	④
2	①	②	③	④
3	①	②	③	④
4	①	②	③	④
5	①	②	③	④
6	①	②	③	④

問題 3

例	①	②	●	④
1	①	②	③	④
2	①	②	③	④
3	①	②	③	④
4	①	②	③	④
5	①	②	③	④

問題 4

例	①	●	③
1	①	②	③
2	①	②	③
3	①	②	③
4	①	②	③
5	①	②	③
6	①	②	③
7	①	②	③
8	①	②	③
9	①	②	③
10	①	②	③
11	①	②	③

問題 5

1	①	②	③	④
2	①	②	③	④
3	(1)	①	②	③	④
	(2)	①	②	③	④